AVANT-PROPOS

Infatigable dans ses recherches, la science continue d'explorer et la terre et les cieux. Après avoir exhumé pour les interroger la poussière des tombeaux, et les débris des siècles les plus reculés, elle porte la sonde au travers des couches du sol afin d'y découvrir la série des révolutions qui s'accomplirent sur le globe avant même que l'homme y apparût. Elle recueille aussi les premiers sons émis par la voix humaine, les reproduit dans ses dictionnaires et reconstruit la langue primitive.

Élevant plus haut encore ses prétentions, elle s'efforce de retracer les pensées, les sentiments et les croyances qui vivaient dans le cœur de ces générations dont les cendres mêmes ont disparu. Or, si les races antiques de l'Assyrie, de l'Égypte et de l'Inde, ont occupé d'abord l'attention des hommes d'étude, la race gaëlique ou Celte-gauloise, qui la première vint habiter la partie occidentale du centre de l'Europe, est devenue à son tour l'objet de recherches scientifiques. MM. A. Thierry et H. Martin comme historiens, MM. de Villemarqué et Ad. Pictet comme linguistes, y ont consacré leurs laborieuses veilles, et leurs ouvrages viennent de révéler ce qu'était sous le rapport intellectuel, religieux et moral, ce peuple dont Français, Anglais, Belges et Suisses se trouvent être en grande partie les descendants.

C'est avec un si vif intérêt que l'auteur du présent écrit a pris connaissance de ces divers travaux, qu'il s'est senti pressé d'exposer sous une forme abrégée et populaire les résultats obtenus. Il se persuade qu'on prendra plaisir à comparer la manière dont furent résolus il y a vingt-cinq ou trente siècles par les Gaëls, les problèmes philosophiques et religieux discutés encore aujourd'hui par leurs enfants, et que le druidisme mis en lumière, même sous ses côtés les plus avantageux, fera ressortir avec un nouvel éclat la beauté, la sainteté et la vérité de l'Évangile. S'il réussit dans son travail, c'est aux savants qui lui ont servi de guide qu'en reviendra le mérite ; il leur sera de plus redevable des jouissances nombreuses et variées qu'il a goûtées en étudiant leurs écrits.

Edouard Panchaud

Le Druidisme

ou

Religion Des Anciens Gaulois

EXPOSÉ DE LA DOCTRINE DE LA MORALE
ET DU CULTE DES DRUIDES
PAR ED. PANCHAUD
MINISTRE DE L'ÉVANGILE

Lausanne

1865

Copyright © 2022 by Culturea
Édition : Culturea 34980 (Hérault)
Impression : BOD - In de Tarpen 42, Norderstedt (Allemagne)
ISBN : 9782385081775
Dépôt légal : août 2022
Tous droits réservés pour tous pays

INTRODUCTION

Origine de la race gauloise. — Intérêt qu'offre l'étude de sa croyance et de son culte, connus sous le nom de druidisme. — Difficultés de cette étude. — Absence de documents écrits. — Ressources pour y suppléer. — Les écrivains grecs et romains. — César. — Posidonius. — Les poésies bardiques. — Les Triades. — Les monuments du culte druidique, tels que menhirs, dolmens, cercles de pierres.

De la branche arienne, issue elle-même de la race japhétique, sortit, à une époque qui ne peut être reculée moins de vingt siècles avant Jésus-Christ, la grande famille des Gaëls, qui émigra vers la partie occidentale du centre de l'Europe. Laissant sur les bords de la Crimée une de ses tribus les plus importantes, elle poursuivit sa route jusqu'au point où, arrivée sur le territoire de la Belgique et de la France actuelles, une autre de ses tribus non moins considérable, celle des Celtes, suivit les bords de l'Atlantique, y forma des colonies et atteignit l'Espagne. L'esprit aventureux de cette tribu la poussa même à franchir le canal de la Manche pour aller peupler les humides contrées de l'Angleterre et de l'Irlande. — Le reste de la puissante confédération des Gaëls s'établit dans la Belgique, en France et en Suisse. Les Belges formaient aussi une des tribus de cette vaste et conquérante armée. On donne aujourd'hui le nom de race gauloise à celle qui comprenait les Gaëls, les Celtes, les Belges et même les Kimris, qui vinrent rejoindre leurs frères et furent connus sous le nom de Cimbres ou de Cambriens.

Si donc l'on nous demande à quel titre le druidisme se recommande à notre étude ; nous répondrons : Il renfermait la croyance religieuse de nos ancêtres, il dirigea leur culte pendant plus de vingt siècles et fut, jusqu'à l'apparition de Jésus-Christ, le fanal qui avec la conscience, les guida durant leur passage sur cette terre et au travers de la vallée de l'ombre de la mort. Comment donc ne pas s'intéresser à ce que nos aïeux ont pensé et professé concernant la divinité, la nature de leur âme et la vie future, et ne pas désirer de savoir quelles consolations ils ont eues dans leurs peines, quel apaisement ils ont pu donner à leurs meurs angoissés et quelle force morale ils ont trouvée pour l'accomplissement de leurs devoirs, ainsi que pour l'attente de la mort, ce roi des terreurs ?

Ce qu'Ozanam dit en parlant des Germains, nous le disons à plus forte raison des Gaëls : « Il faut savoir quelles idées de la création et de la vie future éclairèrent tant de milliers de créatures humaines qui vécurent comme nous, qui souffrirent comme nous, et qui n'eurent pas moins d'intérêt que nous à connaître leurs destinées éternelles.[1] »

Et si l'on réfléchit à la longue durée de ce système religieux, à ces 2000 ans pendant lesquels le druidisme a pesé de tout son poids sur une grande portion de l'humanité établie en Occident, et aux siècles nombreux durant lesquels, même après l'introduction du polythéisme et du christianisme, il a continué d'exister et de se concentrer de plus en plus, de manière à pouvoir transmettre à l'Europe moderne ses traditions et ses chants, on doit avouer qu'il était doué d'une vitalité remarquable. Sans nul doute il aura imprimé de profondes traces, encore visibles de nos jours, sur le caractère, les habitudes et la manière de penser et de sentir de notre race. « Les premiers hommes, dit H. Martin, qui peuplèrent le centre de l'ouest de l'Europe, furent les Gaulois, nos véritables ancêtres, car leur sang prédomine de beaucoup dans ce mélange successif de peuples divers qui a formé notre nation, et leur esprit est toujours en nous. Leurs vertus et leurs vices conservés au cœur du peuple français, et les traits essentiels de leur type physique, reconnaissables sous la dégradation amenée par le changement des mœurs et par le croisement des populations, attestent encore cette antique origine.[2] »

Leur esprit est toujours en nous, dit l'auteur cité, c'est pourquoi il ne se peut que la recherche des causes qui ont contribué à la formation de cet esprit n'intéresse le lecteur. Ce caractère, d'ailleurs, se distinguait déjà bien longtemps avant que Français, Anglais et Suisses, remplissent de leurs hauts faits les pages

---

[1] Ozanam. *Les Germains avant le Christ*, chap. II.
[2] *Histoire de France*, liv. Ier, pag. 1.

de l'histoire. « Aucune des races de notre Occident, dit A. Thierry, n'a rempli une carrière plus agitée et plus brillante. Les courses de celle-ci embrassent l'Europe, l'Asie et l'Afrique ; son nom est inscrit avec terreur dans les annales de presque tous les peuples. Elle braie Rome, elle enlève la Macédoine aux vieilles phalanges d'Alexandre, force les Thermopyles, pille Delphes ; puis va planter ses tentes sur les ruines de l'antique Troie, dans les places publiques de Milet, aux bords du Sangarius et à. ceux du Nil ; elle a assiégé Carthage, menacé Memphis, compté parmi ses tributaires les plus puissants monarques de l'Orient. À deux reprises elle fonde dans la haute Italie un grand empire, et, au sein de la Phrygie, cet autre empire des Galates, qui domina longtemps toute l'Asie Mineure.[3] » L'empire romain seul surpassera les proportions de cette domination gigantesque. Or, la bravoure gauloise, qui remporta tant de victoires et fit tant de conquêtes, se distinguait par un mépris de la mort qui a frappé un citoyen romain. Horace caractérise la Gaule comme une terre « où l'on ne connaît pas les terreurs de la mort :

Non paventis funera Galliæ.[4]

Cette disposition au sacrifice de la vie quelquefois pour de futiles raisons, telles qu'un défi ou le gain de quelques objets insignifiants, se montrait dans les combats au point que le Gaulois dédaignait de protéger son corps au moyen d'armures et même de vêtements. La vue du sang qui jaillissait de ses blessures, l'animait, lui inspirait même une fureur croissante. De là un esprit d'indépendance et une fierté remarquée par les hommes d'autres nations. En l'année 340 avant Jésus-Christ, lors d'une invasion gauloise en Grèce, quelques guerriers étaient allés rendre visite au grand Alexandre : « Que craignez-vous le plus au monde ? » leur demanda-t-il. — « Nous ne craignons que la chute du ciel ; nous estimons cependant fort l'amitié d'un homme tel que toi. »

« Voilà un peuple bien fier, s'écria le héros.[5] »

---

[3] *Histoire des Gaulois.* Introduction, pag. 5.
[4] *Hor.* lib. IV ; id. XIX.
[5] Strab. VII, pas. 301. Urrian. Alex. I, 6.

Il y a là un phénomène moral à étudier, et certainement la connaissance des croyances et des sentiments religieux des Gaulois nous expliquera comment ils ont pu fouler aux pieds la mort, cet ennemi que le savant et le philosophe considèrent rarement ans terreur, et à l'apparition duquel les générations actuelles pâlissent encore.

Enfin, sans répéter avec le poète :

« Qui nous délivrera des Grecs et des Romains, »

n'y a-t-il pas lieu de compléter les informations déjà si étendues que nous possédons sur la philosophie et la mythologie de Rome, de la Grèce, de l'Égypte, de l'Assyrie et de l'Inde, par l'étude des institutions religieuses des peuples qui occupèrent les premiers l'Occident. Si le lecteur craignait d'être désappointé dans cette investigation, essayez seulement, lui dirions-nous, d'écarter le voile qui vous dérobe la vue de l'édifice religieux et moral élevé par les Druides et vous contemplerez un monument égal, sinon pour la beauté de la forme et la richesse des ornements, au moins pour la solidité et l'harmonie de l'ensemble, aux plus grandes conceptions que l'esprit humain ait élevées, sur le terrain de la religion, sans le secours de la vérité révélée.

En constatant, enfin, quelle distance sépare ces conceptions humaines des enseignements sacrés qu'il a plu à Dieu de nous donner dans sa sainte Parole, nous ne pourrons qu'être plus reconnaissants du don qui nous a été fait par la grâce divine et apprécier davantage « les bienfaits de l'apparition de notre Seigneur et Sauveur Jésus-Christ, qui a détruit la mort et mis en évidence la vie et l'immortalité par l'Évangile. » (2 Tim. I, 10.)

Mais de quelles ressources peut-on disposer pour étudier le druidisme à une époque antérieure à l'ère chrétienne et aux temps nommés historiques ?

Les Druides n'ayant pas écrit et par conséquent n'ayant laissé aucun témoignage direct et positif de leur croyance, ni aucune esquisse de leurs enseignements, on est demeuré bien longtemps dans le vague sur tout ce qui concernait leur croyance et leurs pratiques. Mais pourquoi n'ont-ils pas écrit ? Parce que, dit-on, la publicité donnée à leur doctrine lui aurait fait perdre de la vénération et de la docilité avec laquelle elle était reçue, et que c'était un moyen de tenir sous leur dépendance les jeunes gens qui se vouaient au service des autels. Ceux-ci en effet étaient obligés d'étudier pendant 10, 15 et 20 ans, pour pouvoir apprendre par cœur un nombre considérable de préceptes, de maximes et de chants sur toute espèce de sujets. On ajoute que les Druides (surtout pendant les premiers siècles de leur existence) ne possédaient qu'une écriture hiéroglyphique dans laquelle les arbres et les plantes occupaient la place importante, et que ce moyen de représentation, suffisant pour symboliser des rites et des croyances, ne l'était plus pour l'étude des sujets abstraits et l'exposition des vérités religieuses et morales.

À défaut d'une littérature religieuse druidique, il faut recourir à des citations empruntées aux auteurs grecs et romains de l'antiquité. Par le fait même des incursions et des conquêtes des Gaulois, les nations leurs voisines et trop souvent leurs adversaires, nous ont transmis par la plume de leurs écrivains, ce qu'elles pensaient de ces intrépides et sauvages aventuriers. À commencer par Hérodote jusqu'aux auteurs de la basse latinité, tous les historiens, orateurs ou poètes consacrent au moins quelques lignes à la nation gauloise ; mais c'est Jules César qui, dans la célèbre *Guerre des Gaules*, nous a révélé le plus de particularités concernant le peuple qu'il eut tant de peine à faire fléchir sous son épée. Ennemi des Gaulois, et leur pardonnant à peine les moyens par lesquels ils défendaient leurs foyers contre l'étranger, il est leur seul historien un peu complet, et ses écrits sont la principale source de nos informations, quoiqu'il faille se souvenir qu'ils sont entachés de partialité. Posidonius, un jeune Grec, qui a visité, au IIe siècle de notre ère, la Germanie et les Gaules, a fourni aussi de précieux renseignements sur les mœurs et coutumes gauloises. Outre ces ouvrages d'auteurs qui ont vécu à l'époque où le druidisme florissait encore, il y a un grand nombre de poèmes bardiques des siècles postérieurs, écrits dans la langue des Gaëls et des Kimris. Ces compositions ne remontent pas au delà du VIIIe ou du VIIe siècle de notre ère, et elles portent plus ou moins l'empreinte des nouvelles idées et même des traditions que le christianisme déjà défiguré, établi en Angleterre et en Irlande, avaient introduites. On ne peut donc pas les consulter avec une entière confiance.

Au milieu d'elles se font surtout remarquer les *Triades Bardiques*, recueil d'aphorismes ou sentences philosophiques, théologiques, juridiques, historiques et morales, consistant toujours en trois points. Ce nombre paraît avoir été choisi afin qu'on pût conserver plus facilement ces maximes dans la mémoire, et parce que ce nombre lui-même avait un caractère sacré chez les Gaulois dès la plus haute antiquité, et auprès de la race japhétique d'où ils étaient sortis. Ces Triades constituent un des monuments les plus curieux de la littérature galloise du moyen âge, et en même temps le plus précieux, pour remettre en lumière et faire revivre les pensées et les croyances des générations les plus reculées. Car quoique relativement moderne, ce recueil nous transmet des opinions et des dogmes qui doivent avoir été conçus et formulés à une époque bien antérieure à celle de leur publication, même, avant l'ère chrétienne. Nous ferons surtout usage de l'extrait étendu qu'un savant gallois, M. Ed. Williams en a donné sous le nom de *Mystère des Bardes*, et qui a été traduit et publié en français par M. Ad. Pictet. Mais on ne peut s'en servir sans user des précautions recommandées pour n'en rapporter ni extraire aucune opinion qui ne soit exclusivement gauloise ou druidique.

Un autre genre de monuments dont on peut tirer parti pour élucider le sujet actuel, ce sont les pierres communément appelées *druidiques*. Elles sont dignes d'attention à cause de leur nombre, de leurs dimensions et de leurs dispositions singulières. On ne peut douter qu'elles aient couvert toute la Gaule, car on en retrouve des blocs épars depuis les Alpes jusqu'à l'Atlantique, et elles se voient encore en Angleterre et en Irlande. C'est à l'agriculture et au besoin de matériaux pour la bâtisse, que l'on doit de les voir disparaître en très grande partie. Ce n'est plus que dans quelques localités comme à Carnac en Bretagne, et à Abury et Stonehenge en Angleterre, qu'on peut encore obtenir une vue d'ensemble des monuments grandioses et instructifs transmis par l'antiquité galloise.

On appelle *menhirs* d'énormes blocs de pierre brute, dressés et fichés en terre isolément ou par groupes régulièrement alignés. Quelquefois disposés sur deux rangs, ils forment une avenue qui aboutit à plusieurs cercles de pierres circonscrits l'un à l'autre. Le bloc, au lieu d'être planté en terre, se montre souvent posé en équilibre sur une autre pierre ou sur le sol, et oscille au moindre choc sans jamais quitter sa base. L'auteur en a vu un pareil dans file de Guernesey. Ou bien un ou deux monolithes de dimension considérable, se trouvent soutenus à leurs extrémités par d'autres pierres fichées debout et dispersées en cercle. Il se forme alors une cavité qui paraît avoir servi pour recueillir le sang des victimes immolées sur la pierre, ou pour recevoir la dépouille et la cendre des morts. Quelques-unes de ces grottes factices ont au moins vingt mètres de profondeur. On les nomme *dolmen*, c'est-à-dire *pierres levées*.

On appelle *tombelle*, du mot *tom* en gaulois, qui équivaut au *tumulus* des Latins, des monticules de terre ou naturels ou factices, sur lesquels on rencontre des menhirs ou des dolmens. Lorsque le monticule est formé par un amas de pierres entassées à dessein, il s'appelle *cairn*.

« Les alignements et les grottes prennent des proportions extraordinaires, dit H. Martin, dans la partie de l'Armorique où l'on parle encore la langue des Kimris, surtout dans l'antique patrie des Vénètes (pays de Vannes) ; près de 2000 menhirs gisent épars et renversés dans la seule lande du Haut Branbien. À Carnac (près de la baie de Quiberon, en Bretagne), onze avenues de menhirs, dont certains ont vingt pieds de haut, restes d'un ensemble plus vaste, s'alignent encore debout à perte de vue, comme une armée de géants pétrifiés. À Erdeven, à Plouhinec (même province), on voit aussi des alignements très considérables. À Locmariaker, parmi une foule de collines tumulaire de dolmens, de menhirs, on distingue, couché sur la terre et brisé en quatre morceaux, un monolithe de vingt et un mètres de long, qui a dû peser environ 250 000 kilogrammes. Non loin de là, si l'on gravit la tombelle qui surmonte l'îlot de Gaw-Inys, dans le goulot par où la grande lagune du Morbihan communique avec la mer, on embrasse du regard toute une côte couverte de monuments gaulois, sur trois lieues de longueur et une de profondeur, et cet horizon solennel se ferme par la presqu'île de Quiberon, qui garde aussi ses dolmens, et par l'immense tombelle de la presqu'île de Rhuys, qui a 100 pieds de hauteur sur 850 de base. La tombelle de Gaw-Inys recèle dans ses flancs d'autres secrets ; si vous redescendez de la cime, un passage étroit vous introduit dans une grotte de pierres aux parois couvertes d'hiéroglyphes indéchiffrables de lignes qui serpentent en spirales bizarres, et qui dessinent des figures impossibles à décrire. » (*Histoire des Français*, tom. I, pag. 49 et 50.)

On a observé que, sauf ces hiéroglyphes et ces lignes qui, par leurs contours, imitent les évolutions du serpent, les menhirs et dolmens ne portaient aucune trace de sculpture ; c'est la preuve qu'ils sont de plusieurs siècles antérieurs à l'ère chrétienne ; car, dès que les Romains entrèrent dans la Gaule, ils y apportèrent leurs statues, et les monuments druidiques commencèrent à se charger de figures et de représentations mythologiques.

En constatant cette absence de sculpture et d'architecture dans les monuments primitifs des Gaëls, on ne peut s'empêcher de faire un rapprochement avec le précepte donné par l'Éternel à Moïse : « Si tu m'élèves un autel de pierres, ne les taille point ; car si tu fais passer le fer dessus, tu les souilleras[6] ; » précepte qui se trouve répété au Deutéronome ; mais là Moïse ajoute ces mots : « Tu bâtiras l'autel de l'Éternel ton Dieu de pierres *entières*. » (*Deut.* XXVII, 6.) Ces deux ordres sont la conséquence évidente du second commandement : « Tu ne te feras point d'image taillée, ni aucune représentation des choses qui sont là-haut aux cieux, ni ici-bas sur la terre, ni dans les eaux sous la terre. » (Ex. XX, 4.)

La Bible nous apprend aussi, observe judicieusement H. Martin, que les obélisques bruts, les cercles, les pierres levées, les tombelles, avaient un but historique, non moins que religieux, qu'ils étaient des monuments dans le vrai sens du mot, des moniteurs conservant le souvenir d'une victoire, d'un traité, d'un fait solennel quelconque.

____

[6] Ex. XX, 25.

Pour compléter cette remarque, il faut dire que ces monuments étaient destinés à rappeler des faits et des délivrances dans lesquels Dieu était intervenu miraculeusement : voyez le passage du Jourdain par Israël (Jos. IV), ou des traités scellés par un serment et accompagnés de cérémonies religieuses. Voyez celui entre Jacob et Laban. (Gen. XXXI, 45-55.) L'on ne peut douter qu'en Gaule ces monuments n'aient eu la même destination. Les pierres druidiques auront donc quelque chose à nous dire, et leur témoignage sera d'autant plus important que leur pose, de même que la construction des cathédrales du moyen âge, n'a pas été le fait de quelques individus, mais celui du peuple. Il ne fallait pas moins que les forces réunies de la nation pour le transport et la disposition de tant de monolithes, dont plusieurs ne pouvaient être mis en mouvement sans l'assistance de milliers de bras.

CHAPITRE Ier

Du sacerdoce druidique

Sa formation. — Sa division en trois ordres : Druides, ovates et bardes. — Les Druidesses. — Hypothèses sur l'origine de ce corps sacerdotal. — Causes de sa décadence et de sa ruine.

Au sein des forêts et sous l'ombrage bienfaisant du chêne se rassemblaient des hommes que leur âge, leur expérience et leurs études avaient désignés au choix de leurs compatriotes pour être leurs conducteurs spirituels. Élus par la nation, ils ne formaient pas une caste héréditaire, ni une société secrète recrutée par voie d'initiation. Sortis du peuple, ils enseignaient à leur tour d'autres enfants du peuple, imposant à ceux-ci avant de les associer à leur collège de longues et sérieuses études et des examens difficiles.

Leur nom signifie proprement *homme du chêne*, du radical dru, qui, en gallois comme en grec, désigne cet arbre, de tout temps considéré comme le roi des forêts. — Qui ne se souvient de ces vers de Virgile :

> Quæ, quantum ad auras
> Æthereas, tantum radice in Tartara tradit ?
>
> (Georg. liv. 11.)

reproduits en ces termes par La Fontaine :

> Celui de qui la tête au ciel était voisine
> Et dont les pieds touchaient à l'empire des morts.
> (Liv. I, Fable le Chêne et le Roseau.)

Le chantre des Géorgiques célèbre encore le chêne dans le vers suivant, comme étant le siège des inspirations prophétiques :

> Atque habitæ Graiis oracula quercus
>
> (Géorg. liv. Il),

que Delile traduit :

> Et le chêne qui rend les oracles des dieux.

La solidité de son bois, la fermeté de ses racines, les bras vigoureux que sa tige projette, et cette magnifique couronne d'un vert feuillage au travers duquel la lumière aime à se jouer, avaient fait impression sur l'esprit de nos ancêtres, et, à défaut de cloîtres et de monastères que leur vie nomade ne leur permettait pas de bâtir, c'était sous la chênaie que les sages de la nation étudiaient les mystères de la nature, depuis le cours des astres jusqu'aux propriétés des plantes. Il semble à l'homme que c'est dans le silence et l'obscurité qu'il peut le mieux concentrer ses réflexions et même chercher un esprit qui lui fasse deviner ce qu'il ne sait découvrir par les moyens naturels. N'était-ce pas, en effet, à l'ombre des chênes que s'inspiraient les oracles de Dodone ? On aime à se rapprocher de tout ce qui dénote la force, plutôt d'un chêne que d'un roseau ; on croit puiser dans ce voisinage une force secrète, et nul doute que la contemplation de hauts rochers et de sombres forêts n'imprimât à l'âme un caractère méditatif et sérieux, non moins qu'une mâle énergie.

Les Druides devaient donc leur nom à la vie solitaire qu'ils menaient dans des forêts antiques consacrées au culte. Ils formaient la classe supérieure et savante de la société et de l'ordre religieux ; l'étude des hautes sciences religieuses et civiles, de la théologie, de la morale et de la législation, leur était dévolue exclusivement. Diodore de Sicile les nomme philosophes et théologiens. (Liv. V, 31.) Strabon prétend qu'ils étudiaient aussi la philosophie morale (liv. IV), et Ammien Marcellin, qu'ils se sont élevés par leur génie à l'étude des questions de l'ordre le plus élevé et le plus profond. (Liv. XV, c. 9.) Leur connaissance des vertus de quelques plantes, de l'astrologie et de certains moyens empiriques pour la guérison des maladies, leur faisait pratiquer la médecine. Ils s'attribuaient aussi un genre d'extase prophétique, dont le caractère rappelle ce qu'on nomme aujourd'hui *seconde vue*. « Parmi les Cambriens, écrivait au XIe siècle Giraud, il existe des hommes qu'on appelle *awendhiou*, c'est-à-dire conduits par l'esprit.... C'est le plus souvent dans les visions du sommeil que leur est infusé ce don de prophétie. » (Voyez la citation entière de H. Martin, Éclaircissement, VI.)

On pourrait donc appeler les collèges druidiques de grandes associations de philosophes mystiques, comme Fénelon ? non ; mais comme Swedenborg.

L'éducation publique formait aussi une grande partie du domaine dans lequel ils exerçaient leurs talents. Leur enseignement, tout verbal, était rédigé en vers. César prétend qu'il ne leur était pas permis d'écrire leur doctrine ; mais que, s'il s'agissait d'affaires publiques ou privées, alors ils employaient les caractères grecs. (Bell. Gall. liv. VI, chap. 14.) Ils savaient bien sortir de leurs retraites pour intervenir dans les grandes affaires politiques et civiles. Jurisconsultes, ils enseignaient, dit Strabon, les constitutions et les lois particulières des États, » et devaient prononcer sur toutes les questions qui divisaient les États confédérés de la Gaule et les partis dans chaque État. Ils réunissaient donc tout ce qui aujourd'hui est confié au clergé, aux séminaires théologiques, aux universités et aux cours supérieures de justice. À l'époque où leur institution était le plus florissante, entre le cinquième et le second siècle avant notre ère, tout pouvoir était entre leurs mains, et « les chefs de la Gaule, sur leurs sièges dorés (dit le Grec Posidonius), au milieu de toutes les pompes de leur magnificence, n'étaient que les ministres et les serviteurs de leurs prêtres. » (Dio. Chrys. Orat. 49.)

Les femmes occupaient une grande place dans l'organisation druidique. On les y trouve sous le nom le plus élevé de la hiérarchie, sous celui de *Druidesse*. Leurs attributions ne sont qu'imparfaitement connues. Chez plusieurs tribus, elles étaient chargées des sacrifices.

Les écrivains grecs et latins, dit H. Martin, les font entrevoir retirées dans des asiles plus secrets encore et plus inaccessibles que les *nemèdes* ou forêts sacrées des Druides. Ceux des collèges ou monastères de Druidesses, dont ils nous révèlent l'existence, sont situés dans les îles les plus sauvages des mers d'Armorique et de Bretagne. Le nautonier qui, durant les nuits d'orage, rase les bords escarpés de ces écueils toujours battus des flots en furie, entrevoit sur la pointe des rocs tournoyer des flammes rougeâtres, des fantômes aux longues chevelures, agitant des torches ardentes dont la lueur se confond avec celle de la foudre. Ce sont les druidesses accomplissant leurs rites interdits à l'œil des hommes. Si l'étranger est assez téméraire pour tenter d'aborder, on assure qu'aussitôt l'ouragan chassera son navire au large et que d'effrayantes apparitions le poursuivront longtemps. Dans une de ces îles sacrées, voisine de la côte britannique, se célèbrent, dit-on, des mystères pareils à ceux de Samothrace et d'Éleusis. Un îlot situé à l'embouchure de la Loire est le théâtre de mystères plus redoutables encore. Les prêtresses qui l'habitent, et qui appartiennent à la nation armoricaine des Nannètes (pays de Nantes), sont mariées, mais leurs maris n'osent approcher de leur inviolable asile ; ce sont elles qui vont les visiter de nuit sur le rivage à des époques déterminées. » (Pag. 63.)

Le rôle et l'intervention des Druidesses cessèrent en même temps que le culte national ; on en retrouve des traces chez ces femmes accusées plus tard de magie et de sorcellerie.

Sous la direction et dépendance des Druides fonctionnaient deux ordres ou corporations : les OVATES et les BARDES.

Les premiers, appelés *ovaidd* chez les Kimris, *baidh* chez les Gaëls, et *eubages* ou *eubates* chez les historiens grecs et latins, exemptés d'impôt et ne portant point les armes, vivaient mêlés à la vie commune, dans les cités, à la campagne, ou au milieu des camps. Instruments des Druides, par qui ils avaient été formés et nommés, ils appliquaient au milieu de la société gauloise, dans toutes les affaires de la vie domestique ou civile, religieuse ou profane, les leçons reçues aux pieds de leurs maîtres. Ils profitent, disent plusieurs auteurs, de tous les phénomènes merveilleux de la nature pour y signaler une intervention divine spéciale, et en déduire ou des leçons ou des prédictions. Ils prétendent prévoir l'avenir et osent interroger la divinité et connaître ses réponses au moyen du vol des oiseaux et des apparences du sang et des entrailles des victimes. Comme prêtres, ils célèbrent les sacrifices publics et privés. Connaissant la vertu de quelques simples et l'emploi de quelques formules et pratiques auxquelles ils attribuent de l'efficacité pour la guérison du corps, ils s'adonnent à une médecine empirique et superstitieuse. Tour à tour augures, aruspices, au dire des Romains ; physiologistes, selon les Grecs, naturalistes, magiciens et devins, ils imposaient partout la volonté du corps puissant dont ils étaient les interprètes.

À côté d'eux se trouvaient les BARDES, bard, en gaëlique, *bardd*, en kimrogallois. C'étaient les poètes et les chantres de la Gaule. Leur enthousiasme lyrique s'exerçait sur les sujets les plus variés, et leurs chants se faisaient entendre au foyer domestique comme sur les places et au sein des assemblées de la nation. Us célébraient les exploits des héros morts pour la défense de la patrie, et excitaient souvent jusqu'au délire l'ardeur belliqueuse de la jeunesse. Aucune fête publique ou domestique sans la présence du barde pour égayer ou enflammer les esprits ; aucun événement de quelque gravité sans que le barde en fît la matière de ses chants. Comme à la cour des grands leur ministère était le plus souvent réclamé, c'est aussi là qu'on les voyait le plus, et même ils devinrent plus tard, lors du déclin du druidisme, les parasites du riche, ainsi que Posidonius les nomme.

« À eux, dit Ammien Marcellin, de chanter les hauts faits des guerriers ; » et Lucain, au Ier siècle de l'ère chrétienne, exalte leur ministère en ces termes :

« O bardes ! vous faites vivre jusqu'aux âges futurs les âmes courageuses que la guerre a entraînées ! » (Lucain, liv. Ier, V.)

Comme les ovates, ils menaient la vie séculière et accompagnaient les armées sur le champ de bataille. L'autorité de leur parole était grande et leur effet quelquefois tout-puissant sur les cœurs. On les vit fréquemment, dans les guerres intestines de la Gaule, désarmer par leurs chants des combattants furieux et arrêter ainsi l'effusion du sang des citoyens.

« À l'harmonie touchante de leurs lyres, écrivait un historien grec, les passions les plus sauvages s'apaisent, comme les bêtes féroces au charme du magicien. » (Diod : Sicul. liv. V, 81.)

L'instrument dont ils s'accompagnaient était appelé *rotte* et ressemblait à la lyre des Hellènes.

Si l'on croyait l'ovate l'interprète inspiré de la volonté de Dieu, on n'attribuait pas au barde une inspiration moindre. Dans les occasions solennelles le chantre devenait pour le public un *voyant,* ou *prophète.* Sans avoir recours, comme l'ovate, aux rites de la religion et aux sacrifices, il acquérait comme celui-ci une vue immédiate de l'avenir.

Les plus anciens chants bardiques parvenus jusqu'à nous se composent de tercets ou de distiques toujours rimés, et accompagnés parfois d'un long refrain sonore.

Tel était le personnel destiné au soutien et à la propagation du druidisme. Sur le corps entier veillait un Druide suprême, investi pour toute sa vie d'une autorité absolue. À sa mort, il était remplacé par le Druide le plus élevé en dignité. S'il se trouvait plusieurs prétendants dont les titres fussent égaux, l'ordre prononçait en conseil général à la pluralité, des voix. Il n'était pas sans exemple que ces élections se terminassent par la violence. (Bell. Gall. liv. VI, chap. 18.)

À certaines époques de l'année les Druides se formaient en cour de justice. Là se rendaient ceux qui avaient des différends en matière civile. On y conduisait aussi les prévenus de crimes tels que meurtres et vols. Ces prêtres juges infligeaient des peines, fixaient des dédommagements, octroyaient des récompenses. La plus solennelle de leurs assemblées, se tenait, une fois l'an, sur le territoire des Carnutes, (pays de Chartres) dans un lieu consacré qui passait pour être le point central de toute la Gaule. Malheur à qui méconnaissait les arrêts rendus par ces collèges ! Son exclusion des choses saintes était prononcée ; il était signale à l'indignation publique comme un sacrilège et un infâme ; ses proches l'abandonnaient, sa seule présence eût communique le mal contagieux qu'il traînait à sa suite ; on pouvait impunément le dépouiller, le frapper, le tuer, car il n'existait plus pour lui ni pitié ni justice. (Voyez A. Thierry et les citations de César et de Strabon, sur tout ce qui concerne le collège des Druides et leurs sentences d'excommunication.)

En voyant ce pouvoir énorme si fortement établi et si bien organisé tant pour l'étude que pour l'action, on se demande : les Gaëls ont-ils institué cet ordre de choses, ou l'ont-ils reçu ? On ne peut répondre avec connaissance de cause, vu le manque de certitude sur un autre point : s'il y avait ou non une population originaire même des Gaules, autochtone, avant l'arrivée des Gaëls environ 1500 ans avant l'ère chrétienne. Mais il paraît avéré que les Kimris ou Cimmériens venus de la Crimée en Gaule, 600 ans avant Jésus-Christ, connaissaient déjà les Druides, comme leurs conducteurs spirituels, qu'ils provenaient de la même souche que les Gaëls, et avaient des usages et un idiome fort semblables. C'est, paraît-il, la réunion de ces deux peuples frères, qui a été l'occasion de l'affermissement et de la pleine organisation de l'ordre druidique. La tradition confirme cette hypothèse ; car elle fait honneur de l'institution et du développement du ministère des *hommes du chêne* à Hu-Gadarn, ou Hu-le-Puissant, qui était considéré à la fois comme un dieu, père des Druides, et comme le chef de l'expédition kimrique.

Si les données historiques font défaut pour établir avec certitude l'origine du druidisme, la langue des Gaëls et leurs croyances religieuses prouvent à l'évidence que ce peuple avec ses prêtres est un rejeton de la famille arienne ou japhétique. Ainsi nous remonterons jusqu'à l'origine de la tradition patriarcale, jusqu'à l'époque où la famille humaine, réunie en un seul tronc, parlait la même langue et possédait la même foi. Ce furent les souvenirs des temps postérieurs au déluge, qui altérés par le produit combiné de la raison, de l'imagination et des passions particulières à cette portion de l'humanité, contribuèrent à la formation des croyances et du culte druidique. Si l'on ne peut exposer avec certitude l'origine du druidisme, l'obscurité se dissipe quand on examine les causes de sa décadence.

Et d'abord, l'autorité exceptionnelle que les Druides s'étaient arrogée, ne pouvait subsister longtemps. D'un naturel vif, léger, ennemi de toute contrainte, ambitieux, vaniteux, comme les historiens s'accordent à nous le dépeindre, le Gaulois pouvait-il demeurer indéfiniment sous la tutelle de docteurs aussi graves, aussi subtils et aussi profonds que l'étaient les siens ? Leurs croyances mêmes, comme nous le verrons plus tard, qui divinisaient la liberté, les pressaient de briser le joug que leurs dominateurs temporels et spirituels appesantissaient de plus en plus sur eux.

Avant la conquête des Gaules déjà, cet esprit d'indépendance s'était manifesté, et le peuple s'était soustrait à l'autorité despotique de quelques chefs puissants. Scindés par l'effet de plusieurs révolutions politiques, les grands États en avaient formé de plus petits, où le pouvoir avait moins de force. Dans quelques-unes des grandes peuplades gauloises comme celle des Éduens, la puissance royale fut limitée par celle de nombreux vassaux, propriétaires ou chefs militaires, qui réclamèrent la jouissance d'une partie des droits et privilèges conférés précédemment au monarque, qui lui-même s'était substitué au gouvernement patriarcal dans les temps de guerre et d'invasion. Il y eut donc, selon la remarque d'A. Thierry, un commencement de régime féodal, établi dans les Gaules avant l'ère chrétienne.

Que le pouvoir des Druides en ait souffert un amoindrissement, cela va de soi. Plus la religion et le sacerdoce étaient unis dans la constitution et le gouvernement de l'État, plus ils devaient se ressentir des coups portés à celui-ci. Grande leçon, dont malheureusement profitèrent bien peu les hommes, qui plus tard sur le sol des Gaules, fondèrent une nouvelle monarchie sur cette base vermoulue : UNION DU TRÔNE ET DE L'AUTEL !

Attaqué par les révolutions sociales de la Gaule, le druidisme le fut encore dans les siècles consécutifs, par l'invasion successive du polythéisme et du christianisme. Les Phéniciens par leur commerce sur les côtes gauloises de la Méditerranée et de l'Atlantique, les Phocéens par leur établissement à Marseille et leurs courses dans l'intérieur de la Gaule, et enfin les Romains par les conquêtes de Jules César donnèrent bientôt droit de cité à leurs dieux et au culte dont ces divinités étaient les objets. Les incursions constantes de nos ancêtres en Italie, en Grèce et en Asie, les ayant familiarisés avec la vue des temples païens et des fêtes qu'on y célébrait, les disposèrent à associer les dieux étrangers aux objets de leur propre culte. Il se forma donc un alliage des croyances et cérémonies gauloises avec celles des Grecs et des Romains. Ce néo-druidisme se trouve constaté par un autel découvert en 1711, sous le chœur de Notre-Dame à Paris. On y voit à gauche Ésus, divinité gauloise tenant une serpe et avançant la main vers un chêne pour en détacher le gui sacré ; puis à droite, apparaît Jupiter avec ses insignes. Une fois la Gaule subjuguée par les armes romaines, ses vainqueurs s'attaquèrent à son culte et à ses prêtres. Sous l'empereur Claude en particulier, le druidisme eut l'honneur de la persécution. Les Druides et les ovates disparurent alors peu à peu du sol gaulois ; c'est dans les retraites de la Bretagne française, de la Bretagne anglaise et de l'Irlande qu'ils cherchèrent un refuge et que le christianisme vint à son tour les défier.

Quant aux bardes ils perdirent de plus en plus la haute position qu'ils occupaient à l'époque où ils chantaient dans les fêtes publiques les exploits des héros, et que par leurs accents réputés inspirés, ils appelaient le peuple aux combats ou apaisaient les luttes intestines.

Réduits à l'humble condition de parasites des grands, c'était en les égayant par des chants ou en les flattant par des louanges qu'ils obtenaient la permission de s'asseoir à leur table et de trouver un gîte sous leur toit. Ainsi, « un roi des Arvernes, » rapporte Posidonius, « le fameux Zuern entretenait auprès de lui plusieurs de ces bardes à gages. Un jour qu'il traitait grandement sa cour, l'un d'eux ayant manqué l'heure du repas, arriva comme on quittait la table et que Zuern remontait dans son char. Chagrin de ce contretemps, le poète saisit sa *rotte*, et sur une modulation triste et grave, il célébra d'abord la générosité de son maître et la splendeur de ses festins ; puis, il déplora le sort du pauvre barde que sa mauvaise fortune amenait trop tard. Tout en chantant, il courait auprès du char royal. Ses vers plurent au prince, qui, pour le consoler, lui jeta une bourse remplie d'or. Le barde se courba, la ramassa et reprit aussitôt ses chants ; mais la modulation était bien changée. De grave elle était devenue gaie : O roi ! s'écriait le poète, l'or germe sous les roues de ton char, et tu fais naître sur ton passage les félicités des mortels. » (Posidon. ap. Athen. liv. V, chap. 13.)

Entrés en contact avec le christianisme, ou bien les bardes en adoptèrent les croyances et s'attachèrent à la cour des seigneurs chrétiens et contribuèrent à dénaturer dans leurs chants la pureté et la simplicité de l'Évangile, par des légendes imaginaires, et des réminiscences des traditions gauloises, ou bien ils se retirèrent dans la Grande-Bretagne et y conservèrent plus ou moins intacte la doctrine druidique. Il ne se put toutefois, que durant les siècles ténébreux et superstitieux du moyen âge, il ne se fit aussi dans leurs chants et traditions une infiltration des croyances bibliques et des faits de l'histoire sainte.

L'on en possède un curieux spécimen dans ce chant d'un barde qui se croyait sans doute le poète Taliesin du VIe siècle revenu à la vie.

« J'ai été avec le Seigneur dans la suprême élévation, quand il précipita Lucifer dans la profondeur de l'enfer. »

« J'ai été dans le ciel avec Marie-Madeleine. »

« J'ai été autour du sanctuaire dans la région de la Trinité, je ne savais plus ce qu'était la chair ou viande ou poisson. »

« J'ai été l'instruction dans tout l'univers, je serai jusqu'au jour du jugement sur la face de la terre. »

« Trois fois je suis né, je sais me souvenir. Malheur que les hommes ne viennent pas chercher tous les mystères du monde mis en ordre (*dans mon sein*), car je connais tout ce qui a été et tout ce qui sera dorénavant. » (*Archéol. of Wales*, pag. 76.)

Inutile de pousser plus loin cet aperçu historique. Il suffira de dire que jusqu'aux XIIIe et XIVe siècles de notre ère, les Druides et leurs bardes se maintinrent dans des lieux écartés, au sein des forêts reculées, et qu'ils y conservèrent leurs traditions, jusqu'à ce que la culture des terres, le défrichement des bois, l'exploration complète du pays, et la civilisation chrétienne en un mot, leur eussent ôté toute retraite.

De ce vaste et puissant sacerdoce, de leur doctrine, de leurs rites et de leurs chants, il ne reste donc que quelques recueils de poésie en langue gallo-kimrique, des tumulus ou des cercles formés avec des blocs de pierre, et enfin des superstitions dont l'influence se fait encore sentir au sein de la chrétienté. Corporation puissante, elle a péri, par l'excès de son pouvoir, par son manque d'enseignement écrit, et par ce qu'il y avait d'incomplet et d'erroné dans ses, croyances.

CHAPITRE II

Le polythéisme druidique

Réponse à une accusation d'impiété attribuée aux Gaulois. — Réfutation de l'opinion qui attribue à ceux-ci le culte du Grand Dragon. — Description des avenues et cercles de pierres de Carnac, Stonehenge, etc., réputés par des savants anglais être des dracontiums : Nomenclature des dieux gaulois. — Camul, Tarann, Ogmius, Gwyon, Teutatès la fée blanche, Koridwen, Ésus. — Les divinités topiques de la Gaule.

« Ils font la guerre à toutes les religions » disait Cicéron en parlant des Gaulois. Comment donc en présence d'une déclaration émanée de la bouche de cet illustre Romain, oserons-nous parler des doctrines religieuses professées par les prêtres de ce peuple ? Ne nous laissons cependant point arrêter par cette boutade du grand orateur. L'intérêt qu'il témoigne en faveur des religions de l'antiquité n'est pas sincère, car il ne croyait point à la sienne. C'est dans l'intérêt de sa république qu'il a voulu envenimer la haine de ses compatriotes contre les Gaulois, en exploitant contre ceux-ci l'accusation d'impiété.

« Les sages de la Grèce, dit H Martin, page 81, ne s'étaient point trompés sur cette prétendue impiété. Les doctrines essentielles des Druides, non seulement sur l'immortalité de l'âme, mais encore sur l'Être suprême avaient pénétré jusqu'à eux, et ils les saluaient de loin comme leurs frères, comme des initiés à la notion de la cause première : *Ce sont des philosophes, des adorateurs de Dieu*, disent-ils tous. Aristote va jusqu'à affirmer que la philosophie a commencé chez les *semnothées* (adorateurs de Dieu) des Gaulois, et qu'ils l'ont transmise à la Grèce : ce qui se rapporte sans doute à la tradition accréditée des relations de Pythagore avec les Druides, tradition appuyée sur une étroite affinité de doctrines métaphysiques et scientifiques. »

Dans les temps modernes, plusieurs savants anglais qui ont étudié de près les monuments druidiques, dont il reste encore de nombreux et remarquables débris, en ont inféré que le culte de nos ancêtres avait eu essentiellement pour objet le serpent et l'être qui est symbolisé par cet animal, savoir le diable. Le nom de *Draig* donné à celui-ci en gaélique, leur paraît être le radical de *Drac* (latin) et de Dragon. Or Draig occupant une place importante dans la mythologie gauloise, on veut le faire primer, le revêtir de la majesté divine, et associer ainsi les Gaëls, les Kimris et les Celtes, à cette multitude de nations de l'Orient qui ont rendu un culte et quelquefois le souverain, au mauvais principe, à l'auteur du mal.

Ce n'est pas seulement de démonologie, mais de dracontologie qu'on accuse encore les Druides et leurs *tumulus, cairns, dolmens*, cercles de pierres, etc., ne seraient que des monuments à l'honneur du Dragon ancien, des *dracontia*. La représentation sur quelques monuments du fait biblique de la lutte de l'archange Michel contre Satan et de sa victoire, (voy. Jude 9 ; Apoc. XX, 1-3), a été interprétée comme signifiant le triomphe du christianisme sur le culte de Satan. Une vertu extraordinaire était attribuée chez les Gaulois à un produit singulier que le lecteur aura peine, et avec raison, à croire réel, c'est l'œuf du serpent au sujet duquel Pline le naturaliste fait le récit suivant :

« Durant l'été, on voit se rassembler dans certaines cavernes de la Gaule des serpents qui se mêlent, s'entrelacent, et avec leur salive, jointe à l'écume qui suinte de leur peau produisent cette espèce d'œuf. Lorsqu'il est parfait, ils l'élèvent et le soutiennent en l'air par leurs sifflements, c'est alors qu'il faut s'en emparer avant qu'il ait touché la terre. Un homme aposté à cet effet s'élance, reçoit l'œuf dans un linge, saute sur un cheval qui l'attend et s'éloigne à toute bride, car les serpents le poursuivent jusqu'à ce qu'il ait mis une rivière entre lui et eux. » (Pline liv. XXIX, 3.) . Pour que cet œuf fût réputé de bon aloi, ajoute A. Thierry, au jugement des Druides, il devait surnager lorsqu'on le plongeait dans l'eau, même entouré d'un cercle d'or. Il fallait aussi qu'il eût été enlevé, à une certaine époque de la lune. Quand il avait été éprouvé, on l'enchâssait précieusement et on le suspendait à son cou. Il était doué d'une vertu miraculeuse pour faire gagner les procès et ouvrir un libre accès auprès des rois. Les Druides le portaient parmi leurs ornements distinctifs. Il paraît, au dire du même auteur, que ce prétendu œuf n'était autre chose qu'une échinite ou pétrification d'oursin de mer. (*Hist. des Gaules*, tom. I, pag. 492.)

L'on voit souvent, en outre, des serpents sculptés sur des pierres druidiques destinées à servir d'autels ou de monuments funèbres. Mais le genre de preuve sur lequel s'appuient, surtout les savants, qui transforment les Druides en adorateurs du serpent, c'est celui tiré des monuments de Carnac en Bretagne, et de Abury dans le Wiltshire en Angleterre. Qu'on nous permette de nous y arrêter quelques moments ; les détails donnés ici auront encore plus tard leur utilité. Le premier est situé dans le département du Morbihan, à trois lieues de la ville d'Auray, et à demi-lieue environ de la baie de Quiberon. Il consiste dans une longue avenue de menhirs de près de trois lieues de long et de deux à trois cents pieds de largeur. Quelques-uns des blocs qui forment la haie, ont de 15 à 17 pieds de hauteur, et de 30 à 40 de circonférence. Le travail auquel est dû rétablissement de cette avenue de rangées de pierres, frappera d'étonnement quand on saura qu'il consistait en onze alignements de pierres, et que le nombre de celles-ci excédait dix mille, parmi lesquelles on en remarque dont la masse est vraiment colossale. Une entre autres a 42 pieds de circonférence. Cette avenue, longue d'environ deux lieues, au lieu de se diriger en ligne droite ou sphérique, vers un objet tel qu'un temple ou une statue, ou lieu consacré, se prolonge en formes sinueuses au travers du pays, gravissant les collines, descendant vers les vallées et se détournant sans motif apparent, tantôt à droite, tantôt à gauche, et présentant par fois des renflements analogues à ceux du serpent qui rampe. Dans une des courbures, l'on a découvert un tumulus, et dans une autre, un cercle de pierres en forme de fer à cheval. (Voy. pour plus de détails : *Deane on the warchip of the serpent*, pag. 367 et suivantes.)

L'on n'a cependant rien observé qui représentât la bouche et la queue de l'animal. L'avenue se termine comme elle a commencé, ou plutôt on ne peut découvrir au juste quelle est la partie où elle a pris son origine, ni où elle finit. Y a-t-il dans cette description très exacte une ressemblance caractéristique avec Draig, sous la forme du serpent ? Et peut-on appeler ce monument un Dracontium ? Il est permis d'en douter ; et lors même qu'on ne pourrait pas déterminer avec certitude la destination de ces zones de pierres, il ne faudrait pas se hâter d'adopter la conclusion de M. Deane.

Le second situé à Abury, à deux lieues environ de Marlborough, sur la route de Bath, est fort dégradé à cette heure. La plupart des pierres ont disparu ; mais en 1688, il était encore en parfait état, comme le prouve le journal d'un voyageur nommé Pepy, qui le visita à cette époque. Les ruines existantes correspondent exactement aux détails fournis par cet ancien visiteur.

Représentons-nous d'abord deux avenues de pierres partant chacune de deux points éloignés d'environ une lieue. Chaque avenue est formée de menhirs placés à égale distance, et se prolonge plus d'un tiers de lieue en formant les mêmes sinuosités pour se rencontrer sur un monticule. Là réunis, ces deux alignements forment un vaste double cercle de pierres droites, dans lequel se trouvent inscrits deux autres cercles de dimensions égales, formés l'un et l'autre par une double rangée de pierres, comme deux gros yeux dessinés sur une petite tête. Une autre particularité, c'est l'existence, à l'origine d'une des avenues, d'un grand cercle circonscrit à un plus petit à doubles rangées. L'espace couvert par le premier peut être évalué à neuf hectares. (Voy. *Deane*, pag. 375 et suivantes.)

Or, selon l'opinion de M. Deane et de plusieurs autres savants, c'est encore un dracontium que l'on voit à Abury. Le cercle qui est à l'origine de l'avenue de droite doit indiquer la tête de l'animal, le grand cercle auquel les deux avenues aboutissent, l'abdomen, et l'avenue de gauche qui n'a point de cercle, la queue. Malgré toute la bonne volonté que le lecteur voudra nous apporter à l'intelligence de cette description, il est probable qu'il aura beaucoup de peine à y reconnaître un serpent ; au moins cela est-il fort douteux. Sans qu'on puisse jeter sur ce point une pleine lumière, il y a une explication très probable de la présence des cercles dans cette figure ; elle est tirée de la croyance druidique à divers cercles de l'existence divine et humaine.

Que cet animal d'ailleurs ait occupé une part dans la symbolique du culte gaulois, cela est certain, et on le retrouve, en effet, dans toutes les mythologies, soit comme réminiscence de la tradition biblique, soit comme symbole cosmogonique. Même en Amérique, on a découvert une levée de terre qui représente la forme du serpent, de manière à ne pouvoir s'y méprendre. Chose singulière ! devant sa bouche ouverte, se voit une pierre ronde posée en guise d'œuf.

Selon la tradition populaire, les cercles druidiques mentionnés auraient été des êtres animés soudainement pétrifiés dans les évolutions d'une danse. Ainsi, le monument de Stonehenge était appelé la danse des Géants, et Rowldrich, temple druidique, près de Chipping, (Norton, dans le comté d'Oxford) doit représenter un roi et ses nobles pareillement métamorphosés. Un autre temple des Druides dans le Cumberland se nomme encore aujourd'hui : la grande Meg et ses filles.

Nous voilà donc bien éloignés de l'opinion qui en fait autant de *Dracontia*. Il est toutefois avéré que l'on nourrissait des serpents dans les cairns et sous les dolmens, et qu'on leur attribuait un caractère sacré, comme étant l'emblème mystique du corps sacerdotal gaulois. « Je suis, dit l'un d'eux, un Druide, je suis un architecte, je suis un prophète, je suis un serpent. » (*Deane*, pag. 254.)

De plus, cet animal était devenu par sa faculté de changer de peau chaque année, le symbole de l'immortalité et de l'existence toujours renouvelée de l'homme. À ce titre, il tient la première place après le gui dans les rites du druidisme.

Si Draig, le Grand Dracon n'a pas régné parmi les Gaëls comme le Dieu unique et suprême, à qui ce peuple rendait-il ses hommages religieux ?

Quand on examine attentivement le caractère des faits relatifs aux croyances religieuses de la Gaule, l'on reconnaît deux systèmes d'idées, deux corps de symboles et de superstitions tout à fait distincts, en un mot deux religions : l'une toute sensible dérivant de l'adoration des phénomènes naturels ou acceptant ses dieux des peuples voisins, l'autre fondée sur un monothéisme métaphysique mystérieux, qui connaît le Dieu créateur et le Dieu de la providence.

À l'égard de la pluralité des divinités gauloises, le conquérant des Gaules avait fait la remarque suivante :

« Les Gaulois reconnaissent Mercure, Apollon, Jupiter, Mars et Minerve. Mais ils ont pour Mercure une vénération toute particulière. Leur croyance à l'égard de ces divinités est presque la même que celle des autres peuples. Ils regardent Mercure comme l'inventeur de tous les arts. Ils pensent qu'il préside aux voyages et qu'il a une grande influence sur le commerce et les richesses ; qu'Apollon éloigne les voleurs ; qu'on doit à Minerve les éléments de l'industrie et des arts mécaniques ; que Jupiter régit souverainement le ciel, et que Mars est le dieu de la guerre. » (*Cæsar. Bell. Gall.* 1. V, chap. 17.)

C'était sous d'autres noms cependant que ces divinités étaient honorées en Gaule.

CAMUL, était le Dieu des batailles ; son pouvoir n'était pas suprême ; les Gaulois croyaient pouvoir le défier. Ce dieu était inférieur à Ésus, le tout-puissant dispensateur de la victoire. TARANN était le dieu du tonnerre ; il représentait la toute-puissance s'exerçant sur les éléments et sur les phénomènes atmosphériques.

BEL ou BELEN, le dieu du soleil, de la lumière physique et de la médecine. Il paraît être le même que le Bel des Phéniciens et l'Apollon des Grecs ; aussi l'histoire rapporte qu'au moment où les Gaulois voulurent piller les trésors du temple de Delphes, une terreur panique les saisit et les mit en fuite parce qu'ils avaient reconnu un de leurs dieux sous la forme d'Apollon. Les prêtres tiraient du nom de cette divinité le nom de Beleks.[7]

OGMIUS était le dieu des arts libéraux, de la poésie, de l'éloquence. On le représentait sous la forme et les emblèmes d'Hercule. C'est ce qui a fourni au spirituel Lucien une description de ce dieu gaulois, qui mérite, malgré sa longueur, d'être citée en son entier.

« Les Gaulois appellent Hercule : Ognius, et le peignent sous la figure la plus étrange dont on ait jamais gratifié un dieu. Ils en font un vieillard décrépit, chauve sur le sommet de la tête, blanc sur le derrière (quand ils lui

---

[7] La forêt de Sauvabelin prés Lausanne, *Sylva bellina,* paraît avoir été consacrée au culte du dieu dont elle a retenu le nom de Belen.

laissent des cheveux), rugueux de peau, noir et calciné comme un vieux marin. Vous le prendriez pour Caron, pour Japhet, pour un habitant quelconque des Enfers, ou tout ce que vous voudrez plutôt que pour Hercule, dont il porte cependant les attributs, savoir : la peau de lion sur son épaule, la massue dans sa main droite, le carquois sur son dos, et dans sa main gauche, l'arc tout armé. En un mot c'est Hercule. Je crus d'abord que les Gaulois en arrangeant si indignement le portrait d'Hercule, avaient voulu ridiculiser les dieux de la Grèce et se venger en particulier de celui-là, parce qu'il avait jadis ravagé leur pays à l'époque où poursuivant les bœufs de Géryon, il ravagea tout l'Occident. »

« Mais je n'ai pas encore dit ce qu'il y avait de plus incroyable dans le tableau que j'avais sous les yeux ; c'est que ce vieil Hercule traînait après lui une foule d'hommes sans nombre, tous enchaînés par l'oreille. Leurs chaînes, légères comme des fils, étaient fabriquées d'or et d'ambre et comparables aux plus beaux colliers. Bien qu'entraînés par des attaches si frêles, ces hommes ne songeaient point à fuir, ce qui eût semblé d'abord bien facile ; on ne les voyait ni se raidir, ni résister du pied, ni se renverser en arrière comme pour contrarier celui qui les entraînait. L'allégresse au front, des hymnes joyeux à la bouche, ils se hâtaient sur ses pas, et, au peu de tension de leurs chaînes, on eût dit qu'ils allaient le devancer, tant ils craignaient peu la servitude. »

« Faut-il raconter maintenant une absurdité qui dépasse toutes les autres ? Le peintre ne sachant plus où faire aboutir les liens, puisque le dieu avait la main droite occupée par sa massue et la gauche par son arc, imagina de lui percer la langue et de les y réunir en les rivant. C'est ainsi qu'Hercule traînait tout ce peuple, la tête tournée en arrière et le sourire dans les yeux. Ébahi, indigné tour à tour, je restai droit devant ce tableau, ne sachant que penser, lorsqu'un Gaulois, mon voisin, homme instruit dans les lettres grecques, et vraisemblablement du nombre de ces philosophes qu'on trouve au delà des Alpes, m'adressa la parole en ces termes : »

« O étranger, je t'expliquerai l'énigme de cette peinture dont tu sembles tout émerveillé. Vous autres Grecs, vous faites Mercure dieu de l'éloquence, nous, nous avons choisi Hercule comme le plus vigoureux ; et il n'y a pas à s'étonner si nous le représentons vieux ; car c'est dans la vieillesse que l'éloquence atteint sa force la plus complète. Un de vos poètes l'a dit avec raison : L'esprit de la jeunesse est obscurci, c'est la vieillesse qui parle sagement. Aussi faites-vous découler du miel de la langue de Nestor. Ce vieil Hercule qui n'est pas autre chose que la faconde elle-même, traîne tout ce peuple attaché à sa langue par l'oreille ; or tu n'ignores pas quelle relation existe entre l'oreille et la langue. »

« En résumé nous pensons que cet Hercule, homme sage et persuasif, a conquis le monde par la parole. Quant à ses flèches, ce sont des mots aigus, ingénieux, rapides qui pénètrent l'âme, d'où vient aussi que votre Homère met des ailes aux mots et les appelle *empennés*. » (Lucien Herc. Gall.)

Après l'éloquent Ognius, on peut citer encore Gwyon que quelques-uns estiment être le même que Teutatès, tellement leurs attributs se ressemblent. Le nom de celui-ci signifie : Père des hommes. Les symboles de son culte le révèlent sous le caractère d'un Mercure-Hermès, dieu du commerce et de toutes les relations sociales et d'un Apollon, en tant que dieu de la poésie, du savoir et de la lumière intellectuelle ; tandis que Bel-Heol ou Hélion n'est que le dieu de la lumière et de la chaleur physique. C'est encore à Gwyon ou Teutatès qu'on attribue l'invention de l'écriture. Il est à la fois un Prométhée révélateur et un Médiateur entre Dieu et l'homme. On croit qu'il est le même que le Gigon des Phéniciens. Quelques-uns pensent que l'Angleterre appelée l'ile d'Albion porte ce nom comme *île de Gwyon* (du gaélique Alwion), plutôt qu'à cause de la blancheur de ses côtes (d'albus, blanc).

Son influence merveilleuse sur la race humaine se montre dans ses rapports avec *Koridwen* dont le nom signifie la fée blanche. Cette prétendue déesse réunit à la fois les attributs de Cérès, de Minerve, d'Amphitrite et de Proserpine. On en jugera par la légende suivante tirée du Myoyrian et citée par H. Martin.

« Koridwen, celle qui retient toute science dans la nuit première, a mis les six plantes efficaces dans la chaudière d'airain entourée des perles de la mer.

Les six plantes sont : le sélage ou herbe d'or, la jusquiame, le samolus, la verveine, la primevère et le trèfle. Le nain Karrig, le voyant Gwyon est auprès, veillant sur le vase et mêlant le breuvage. Trois gouttes bouillantes jaillissent sur sa main ; il porte son doigt à ses lèvres, à l'instant même la science universelle se dévoile à lui. Koridwen irritée s'élance pour l'anéantir. Poursuivi par elle, il fuit d'une course effrénée, et tous deux prennent tour à tour mille formes diverses, l'un pour échapper, l'autre pour atteindre. Enfin Gwyon s'étant changé en grain de blé, la déesse changée en poule noire le saisit et ravale. Elle conçoit aussitôt, et, après neuf mois, met au monde un enfant merveilleux qui reçoit le nom de Taliésin, c'est-à-dire *front rayonnant*. Taliésin, incarnation de Gwyon, est la personnification de la science humaine. Ce symbole profond et enfantin à la fois qui recèle la lutte de la nature et de l'esprit semblerait avoir été le fond des mystères célébrés par les Gaulois depuis une époque très antique et qui ne disparurent que vers la fin du moyen âge. » (Hist. de France, tom. I, p. 55.)

Koridwen, la nature, enfante à la fois le bien et le mal Dans les Triades elle est la mère de la belle Creiz-Vion, symbole de la vie et d'Avanke Du, le Crocodile noir, le monstre malfaisant qui cause le déluge en faisant déborder le lac des grandes eaux. Un seul couple humain échappe à l'aide d'une barque. Hu Godarn, Hu le Fort, mari de Koridwen, prend ses deux bœufs et les attelle à la coque du monstre. Ils tirent si puissamment qu'ils arrachent le monstre du fond du lac ; ils meurent tous deux dans l'effort, mais le lac rentre dans son lit, et la terre est délivrée des eaux.

Ainsi la tradition du déluge s'était conservée chez les Gaëls, de même que l'histoire de Noé et l'intervention du Tout-Puissant, mais altérées et défigurées.

Les nains et naines qui jouent un si grand rôle dans les légendes gauloises et qui habitent continuellement près des autels comme des génies bienfaisants ou malfaisants, sont le peuple de Gwyon, nain lui-même, et de Korydwen. Les Gaëls estimaient que l'esprit devait avoir d'autant plus de puissance que le corps n'avait pas eu sa croissance naturelle. Ce qui manquait à celui-ci, revenait de droit à l'intelligence.

Mais au-dessus de toutes ces divinités apparaît *Ésus*, nom qui signifie en breton et en gaélique écossais : *Le Terrible*. Si l'on s'arrête au radical pélasgique Ais ou Es, d'où est dérivé en grec *aisios*, juste, bon, et *aisia*, justice, on arrive, dit M. J. Reynaud, à une notion primitive supérieure à celle de destin ou de fatalité, la notion du vrai Dieu, du Dieu personnel et libre. (Encyclopédie nouvelle, Art. Druidisme.) Aristote et d'autres auteurs grecs interprètent *Ais* par *Celui qui est toujours*, ou *qui est toujours le même*, signification rapprochée de celle de Jéhovah.

Ésus s'appelle aussi dans les Triades *Diona* ou l'Inconnu et *Crom*, Cercle, symbole de l'infini, d'où l'on a *Crom-Lekh*, cercle de pierres destiné à représenter cet infini. Il est aussi nommé *Baath* en Irlande, où il est considéré comme le dieu de l'Océan. Les légendes de cette île le disent père de la déesse Eire, reine de l'Occident, de la Lune et de la nuit.

Sur une des faces de l'autel, trouvé sous le chœur de Notre-Dame à Paris, dont il a été question, on reconnaît Jupiter, et sur la face correspondante, un personnage vêtu d'une sale et couronné de feuillage, qui coupe avec une serpe une touffe de feuillage sur un tronc d'arbre qu'on croit être le chêne. Le nom d'Ésus est écrit près de cette figure.

Évidemment on a voulu accomplir sur cet autel, appelé avec raison *hétérodoxe*, par H. Martin, une assimilation ou association entre le Dieu suprême des Romains et celui des Gaulois. Il doit avoir été dressé au Ier siècle de l'ère chrétienne. C'est le druidisme entamé par, la conquête étrangère, qui est obligé de reconnaître en Jupiter un autre Ésus ; ou bien c'est le polythéisme romain qui pour s'introduire plus facilement au sein de la population gauloise, admet les deux divinités et les réunit comme ayant le même pouvoir, et par conséquent le même droit aux hommages divins. — Au musée de Reims se voit un bas-relief qui est, comme le précédent, de l'époque gallo-romaine. Entre Mercure et Apollon, qui correspondent au Teutatès et au Bel gaulois, on remarque un personnage d'un aspect majestueux, avec une longue barbe. Il est assis sur un trône, tandis que les deux figures, placées à ses côtés, sont représentées debout. Sur son front on observe deux cornes, symbole de la puissance. Mais, autre symbole significatif, ce personnage verse d'une outre un flot de glands et de graines diverses qu'un bœuf et un cerf mangent à ses pieds. Au fronton du bas-relief est sculpté un rat qui est apparemment l'emblème de la destruction, placé à côté de celui du renouvellement de la vie. Ce monument porte un caractère gaulois très prononcé, et la divinité sculptée ne peut être qu'Ésus.

On a voulu identifier ce dieu avec Hu-Gadarn ou Hule Puissant, ce personnage qui fut six siècles avant l'ère chrétienne le conducteur des Kimris, de la Crimée en Gaule, où il les établit sur un pied de confraternité avec les Gaëls et les Celtes. Que ce guerrier ait joué un rôle politique très important, qu'il ait même contribué à donner au druidisme cette organisation vigoureuse qui l'a fait fleurir pendant nombre de siècles, cela est vrai ; mais dans les Triades historiques, Hu est un personnage purement humain. Si, dans des poésies galloises, un rôle cosmogonique lui est attribué, ces compositions sont fort postérieures à l'époque où le culte et les croyances druidiques avaient conservé leur pureté. H. Martin, qui a porté toute son attention sur ce point assez obscur, bien loin d'admettre, comme A. Thierry et quelques savants gallois qu'Es us ne soit autre que le chef des Kimris, estime au contraire que, selon ce qui s'est produit chez plusieurs peuples qui ont donné des attributs divins à leurs héros : de même les Gaulois, pour honorer Hu-Gadarn, lui ont octroyé les attributs d'Ésus. On peut encore consulter sur ce sujet M. La-Villemarqué. (Contes populaires des anciens Bretons, II, pag. 296.)

Comme conséquence de cette mythologie, dont Ésus forme le couronnement, se célébrait un culte très voisin du fétichisme qui aboutissait à de grossières superstitions. Ce culte, était celui de tout ce que la nature offrait aux regards des Gaëls, sous un aspect quelque peu frappant. Ainsi fleuves, rivières, collines, montagnes, forêts, vents impétueux étaient revêtus par eux d'un caractère sacré. Le Rhin était l'objet d'un culte chez quelques peuplades de la Belgique. Au moyen de ses eaux l'on éprouvait la fidélité des épouses et l'on décidait du sort de l'enfant qui venait de naître. Le souffle impétueux du *Kirk* ou *Circius* l'avait fait diviniser. Il y avait aussi le dieu Vosége qui présidait sur les Vosges, le dieu *Pennin*, sur les Alpes, la déesse *Arduine*, sur la forêt des Ardennes, le *Génie des Arvernes* sur l'Auvergne. Enfin les Gaëls mettaient leurs habitations, bourgs et forts sous la protection de certaines divinités locales : Nîmes avait son dieu *Nemausus*, Autun sa déesse *Bibracte* et Avenches son *Aventia*.

Après ces longs et fatigants détails sur les aberrations du sentiment religieux en Gaule, on aura de la peine à se représenter que des croyances monothéistes très prononcées aient pu trouver place dans les esprits de ce peuple ou du moins de ses conducteurs spirituels. Le fait est cependant positif, et le druidisme a eu la gloire de produire ou de transmettre la croyance en un seul Dieu, avec un degré de lumière et de vérité qui ne le cède en rien aux enseignements des sages de la Grèce et de Rome et n'est inférieur qu'à la révélation biblique.

CHAPITRE III

De la doctrine monothéiste des Druides selon les Triades.

Nouveaux détails sur le Mystère des Bardes. — Le degré de confiance qu'on peut accorder aux Triades qui y sont contenues. — Exposé de leur enseignement sur Dieu, sur ses perfections et sur ses œuvres. — Critique de cet enseignement. — Dieu, être de raison, étranger à l'amour et à la sainteté ! —Considérations sur l'étrange accord qui a eu lieu chez les Gaulois entre le monothéisme et le polythéisme.

C'est le moment d'en appeler à la partie de la collection des Triades, traduite en français et publiée par M. Ad. Pictet en 1857, sous le titre du *Mystère des Bardes* (ouvrage mentionné dans l'Introduction). Ce fut pour la première fois en 1853 que parut cet écrit dans la *Bibliothèque universelle de Genève.* Il produisit une très vive sensation sur le public lettré et particulièrement sur les hommes occupés d'études historiques. Les historiens H. Martin et Amédée Thierry, Jacob Grimm, le chef des mythologues d'Allemagne, et plusieurs autres savants, furent frappés du mérite de cette publication et exprimèrent la confiance qu'elle leur inspirait. M. Alfred Duminil, qui écrivait alors son *Réveil sur la Gaule*, y trouva, comme il le dit lui-même, *la confirmation la plus complète, la plus heureuse et la plus inattendue de sa manière de comprendre l'antique foi gauloise.*

« Je n'ai point dissimulé, dit M. Pictet dans l'introduction de son écrit, les objections que peut présenter la critique sur le degré relatif d'authenticité de ce curieux monument traditionnel du moyen âge gaulois, mais j'ai exprimé aussi ma conviction que ses caractères intrinsèques sont de nature à lever tous les doutes sur la réalité d'un fond primitif et original. Aucune opposition ne s'est produite jusqu'ici contre cette manière de voir et des adhésions assez nombreuses sont venues de la part d'hommes capables d'en juger. »

Vu l'importance de cet écrit, il peut être utile de s'arrêter quelques moments sur son histoire. Nous analyserons à cet effet l'*Introduction* du

Mystère, écrite par M. Pictet. Ces Triades font partie d'un manuscrit resté inédit jusqu'à ce jour, intitulé : Cyfrinach Bairdd Yns Prydain, ou le Mystère des Bardes de l'ile de Bretagne. On en trouve un compte-rendu dans l'ouvrage de Turner : « Elles ont été évidemment réunies à différentes époques, dit cet auteur ; quelques-unes font allusion à des circonstances qui concernent la première population et l'histoire la plus reculée de l'île (Angleterre), circonstances dont aucun autre monument ne nous a conservé le souvenir. M. Vaughan, l'antiquaire de Hengurt, les fait remonter au VIIe siècle. Quelques Triades sont certainement d'une époque plus reculée et d'autres d'une date plus récente. J'estime qu'elles forment le plus curieux de tous les monuments gallois. » (Vindic. of the anc. Br. pœms, pag. 131.)

Plusieurs Triades étaient connues déjà au IIe siècle de l'ère chrétienne, entre autres celle-ci, citée par Diogène de Laërce :

> Obéir aux lois de Dieu,
> Faire le bien de l'homme,
> Cultiver en soi la force.

Les Triades renferment une collection faite à diverses époques des préceptes bardiques sur l'art de la poésie et du chant, ainsi que sur des questions de morale et de philosophie. On ne les connaît que par un extrait donné par un savant gallois, M. Ed. Williams, à la suite de ses poèmes lyriques et par les citations que Owen Pughe en a tirées pour son dictionnaire gallois.

Quant à l'authenticité, les preuves extérieures et matérielles laissent beaucoup à désirer. Le manuscrit qui renferme ces Triades, ne date que de la fin du XVIIe siècle et les matériaux qui y ont été réunis par le copiste Edward Davydd, ne remontent pas au delà du XVIe siècle. Le style est comparativement moderne et si le fond peut être considéré comme original, il est certain, qu'il a dû être altéré plus ou moins par les rédactions successives des écrivains bardiques du moyen âge. Mais les caractères intrinsèques d'une authenticité tout au moins relative, sont de nature à frapper les esprits les moins prévenus. Comment expliquer, en effet, l'existence chez les Gallois du moyen âge, d'un système de philosophie religieuse différent de tout autre, si ce n'est par une liaison traditionnelle avec les doctrines druidiques de leurs pères ?

De plus, l'idée de la métempsycose, qui se trouve dans les triades, ne s'est formulée en doctrine que chez fort peu de peuples. On ne la voit en réalité développée systématiquement que dans l'Inde ancienne, en Égypte et chez les Druides. D'où serait donc venue aux bardes gallois du moyen âge une doctrine aussi complète, aussi profonde, aussi originale, si ce n'est de leurs prédécesseurs ? Ils ne pouvaient l'emprunter au christianisme qui la combattait, et ils étaient à cette époque hors d'état de l'inventer et de la propager. Il est donc extrêmement vraisemblable que les corporations bardiques, qui se maintinrent dans le pays de Galles à travers les invasions successives des Romains, des Anglo-Saxons et des Anglais, sous la forme d'une espèce de *franc-maçonnerie*, conservèrent avec la ténacité celtique, des débris traditionnels des vieilles croyances nationales. Les Triades en sont donc certainement la dernière expression. Il est impossible que le christianisme n'ait pas exercé une influence notable sur cette religion secrète, conservée par les bardes. Cela seul peut expliquer le caractère singulier de pureté, d'élévation et surtout d'humanité qui frappe dans les Triades et qui s'accorde mal avec certains côtés barbares du culte druidique. Cependant l'on n'y trouve rien qui fasse la moindre allusion ni à la Trinité, ni au péché originel, ni à la rédemption, ni à la personne du Sauveur, ni à l'histoire sainte de l'Ancien et du Nouveau Testament. On n'y trouve rien non plus qui rappelle les idées du moyen âge sur l'enfer, sur le purgatoire et le paradis. L'influence du christianisme semble donc n'avoir été qu'indirecte et ne s'être exercée que pour élever et épurer les doctrines druidiques sur Dieu, le monde et l'immortalité de l'âme.

Le meilleur moyen pour demeurer dans les traditions originales, en étudiant cet ouvrage, sera donc de n'accepter que ce qui n'offre aucun point de contact avec le christianisme, ni avec la mythologie grecque et romaine.

En terminant sa publication, M. Pictet ajoute ces paroles singulièrement significatives :

« On peut juger maintenant avec plus de connaissance de cause si une doctrine aussi complètement originale, qui touche aux systèmes les plus profonds comme aux traditions les plus reculées de la race indo-européenne, à Schelling et à l'Inde, sans aucune trace de la théologie et de la métaphysique Scholastique, si une telle doctrine, dis-je, peut avoir été créée de toute pièce par les bardes gallois du moyen âge. Tout dans ces Triades, idées et terminologie, fond et forme, indique une origine à part ; et à travers les obscurités d'une exposition morcelée, incomplète, étrangère à nos formules logiques, l'œil plonge avec étonnement dans les horizons lointains d'un monde idéal tout nouveau. » (Pag. 82.)

Il est temps d'interroger cet écrit et de lui demander ce que les Druides pensaient sur la divinité. C'est sur ce point que commence l'exposition triadique.

TRIADE I

Il y a trois unités primitives, et de chacune il ne saurait y avoir qu'une seule : un *Dieu*, une *vérité* et un *point de liberté*, c'est-à-dire (le point) où se trouve l'équilibre de toute opposition. La voici dans le texte original : Tri un cintefig y sydd, ag nis gellir amgen nag un o honynt, un Duw, un gwirionedd, ag un pwngc rhyddyd, sef y bydd lle bo cydbwys pob gwrth. »

Le nom de Dieu, Duw apparaît. D'où vient-il ? C'est tout à fait improbable, font observer les savants, que les Druides l'aient reçu du grec Théos ou du latin Deus ; car dans les cas obliques, il n'a presque aucun rapport avec ces mots, et au contraire, il est analogue au sanscrit *deva* ou *diw*. Le monothéisme s'offre donc ici comme traditionnel, s'étant conservé depuis l'époque où les deux familles ariennes, l'une orientale et l'autre occidentale, n'en formaient qu'une dans la Bactriane ou dans l'Arménie.

La forme ternaire adoptée par les bardes présente ici le défaut d'avoir associé deux unités à celle de Dieu. Combien le premier verset de la Genèse fait ressortir avec plus de vérité et de force l'existence pt la toute-puissance de la divinité : « Au commencement, Dieu créa les cieux et la terre. » Aucun personnage, ni aucun être de raison n'est placé à côté du Créateur. Il est là, lui seul, et peut dire comme on lit dans le prophète Ésaïe : « Il n'y a point d'autre Dieu que moi. » (XLV, 5.)

Mais si la *vérité* et le *point de liberté* placés comme unités de pair avec Dieu obscurcissent l'idée théologique, la réflexion découvre bientôt dans le langage de la Triade que c'est Duw qui est véritablement Dieu, et que la vérité et le point de liberté ou d'équilibre placés à ses côtés, ne sont que des notions métaphysiques personnifiées On a voulu former une trinité à cause du caractère sacré que les Druides attribuaient par tradition, avec toute la famille arienne, au nombre trois, et on l'a composée d'abord du vrai Dieu, Dieu unique, puis d'un attribut essentiel à la divinité, la vérité, et enfin de la condition d'existence inhérente, selon les Gaëls, à tout être Dieu ou homme, la liberté. Ce dernier trait est parfaitement en harmonie avec l'esprit d'indépendance qui a toujours constitué le fond du caractère gaulois. Ne serait-ce pas comme symbole de ce point d'équilibre, ou de la liberté, que les Druides firent élever ces énormes pierres branlantes qu'on retrouve encore en plusieurs lieux. Au milieu d'un cercle de pierres rangées en forme de douves, l'on en voit une placée en travers, dont un des côtés anguleux supporte un monolithe de dix à douze pieds de longueur. Celui-ci était si bien équilibré qu'un enfant aurait pu le faire balancer.

TRIADE II

« Trois choses procèdent des trois unités primitives : toute *vie*, tout *bien* et toute *puissance*. »

Explicative de la première, elle confirme l'unité ; car il est évident que la vie, le bien et le pouvoir ne procèdent pas de deux êtres abstraits tels que la vérité et la liberté ; ils procèdent de Dieu seulement, mais d'un Dieu vrai et libre. Ceci compris, comment ne pas admirer la beauté et la simplicité de cet enseignement ? À quelle distance ne laisse-t-il pas le panthéisme et le paganisme antiques ? Dieu, enseignent les Druides par cette Triade, est le centre et l'origine de toute vie, de tout bien et de toute puissance, et les fait procéder de lui comme le ruisseau coule de la source ; mais il n'est jamais épuisé par la création de ces choses, il en demeure toujours le souverain possesseur, ainsi que l'expose la Triade suivante.

TRIADE III

« Dieu est nécessairement trois choses : la plus grande part de vie, la plus grande part de science et la plus grande part de force ; et il ne saurait y avoir qu'une seule plus grande part de chaque chose. »

Qu'on fasse attention au dernier membre de la phrase : *il ne saurait y avoir qu'*UNE SEULE *plus grande part de chaque chose*. Voilà le monothéisme bien nettement affirmé, selon ce mot court et significatif de M. Pictet : « Autrement dit, Dieu est la vie, la science et la puissance suprême. Ceci n'exige aucun commentaire. »

Mais, sans ajouter une nouvelle exégèse (la première étant pleinement suffisante), qu'on nous permette de bénir notre Père céleste, qui a daigné conserver cette connaissance partielle de Lui-même après la chute de nos premiers parents et plus tard après la dispersion occasionnée par la confusion des langues à Babel. Ce sont ces traditions patriarcales qui ont traversé les siècles, luttant contre le penchant continuel du cœur humain à l'idolâtrie, résistant aux superstitions successivement introduites, et conservant au moins une étincelle de vérité religieuse au sein des forêts druidiques, jusqu'à ce que la pleine lumière apparût en Jésus-Christ, l'Orient d'en haut, et vint briller sur les Gaules comme sur tout le monde païen.

TRIADE IV

« Trois choses que Dieu ne peut pas ne pas être : ce qui doit *constituer* le bien parfait, ce qui doit *vouloir* le bien parfait, et ce qui doit *accomplir* le bien parfait. »

Confirmation du langage des Triades précédentes. Dieu non seulement est par sa nature nécessairement le bien parfait, mais encore, par la même nécessité qui appartient à son essence et non à d'autres causes, il veut le bien et l'accomplit. Langage merveilleusement conforme à celui de la révélation biblique, quoique exprimé en des termes abstraits.

TRIADE V

« Trois témoignages de ce que Dieu fait et fera, Sa *puissance infinie*, sa *sagesse infinie* et son *amour infini* ; car il ne manque rien à ses attributs comme pouvoir, science et volonté pour accomplir toutes choses. »

Beau langage, qui réfute absolument l'accusation de panthéisme formulée contre les doctrines druidiques. Dieu se distingue ici de sa puissance, de sa sagesse et de son amour, qui demeurent ses attributs. Il les manifeste selon son bon plaisir. M. Pictet fait observer que cette Triade introduit un nouveau principe : celui de l'amour divin. Il est probable que cet élément étranger aux croyances druidiques et aux religions païennes, est dû à l'influence du christianisme, bien que d'ailleurs le système bardique, tel qu'il est ici exposé n'offre aucune trace positive des dogmes chrétiens.

TRIADE VI

« Trois fins principales de l'œuvre de Dieu dans la création de toutes choses : *amoindrir le mal, renforcer le bien et mettre en lumière toute différence*, de telle sorte que l'on puisse savoir ce qui doit être, ou, au contraire, ce qui ne doit pas être. »

Dieu n'est pas une force aveugle, une puissance inintelligente dont l'action s'accomplisse sans but. Il y a dans son œuvre une fin déterminée qu'il se propose d'atteindre. Il est donc à la fois : intelligence et pouvoir, réunissant en lui ces deux énergies dont la Providence est le résultat.

Toutefois, comme cet exposé dogmatique n'offre pas d'ensemble scientifique, chaque Triade laisse à désirer, parce qu'elle emploie des termes dont le sens n'a pas été défini, et affirme, par conséquent, des vérités dont la nature peut n'avoir pas été bien comprise, ou du moins pas comprise de la même manière. Ainsi la doctrine bardique n'a point d'enseignement positif sur la nature du bien et du mal. Or, il était ici absolument nécessaire pour caractériser en quoi consiste l'œuvre de Dieu quand elle amoindrit le mal et renforce le bien. Dans l'ignorance où nous sommes laissés, on demandera toujours : Qu'est-ce que le bien ? qu'est-ce que le mal ?

Ce que d'autres Triades nous apprennent, c'est que le mal est un principe ennemi dont la sphère d'action est limitée par la puissance de Dieu. Il est souvent personnifié sous les noms de Creug et de Draig. Quelques personnes reconnaissent, sous ce dernier nom, le dragon de l'Apocalypse. Quoiqu'il en soit de cette réminiscence biblique, on ne peut accuser le druidisme d'établir deux divinités rivales qui se combattent sans cesse, telles que l'Ahriman et l'Ormuzd des Persans et des Manichéens ; non ! Duw accroit constamment son empire en étendant celui du bien et en diminuant celui du mal jusqu'au point de le détruire complètement.

Si le druidisme a échappé au panthéisme, il n'a donc pas moins évité le manichéisme et conservé la croyance en un seul Dieu tout-puissant.

Ce dernier terme de la triade : *Dieu met en lumière toute différence*, est obscur. Il signifie, semble-t-il, que Dieu produit ses œuvres afin que l'on connaisse ce *qui doit être* (probablement le bien), et que l'on puisse le distinguer de *ce qui ne doit pas être* (le mal).

Voici le commentaire de M. Pictet : « Ce n'est pas pour Lui-même que Dieu veut anéantir le mal, lequel, relativement à Lui, n'a aucune réalité ; c'est pour les créatures. Il *met donc en lumière* et manifeste *toute différence*, c'est-à-dire qu'il fait sortir de l'unité primitive toute l'infinie multiplicité des choses, afin que les créatures douées d'intelligence puissent se reconnaître et distinguer le bien du mal. »

Ces pensées ne manquent pas de profondeur ; elles supposent, chez ceux qui les ont formulées, beaucoup de réflexion, de pénétration d'esprit, et même d'habitude d'observer les faits psychologiques. On a peine à se représenter ces qualités chez des hommes vivant dans le sein des forêts et dépourvus des moyens d'instruction que l'Égypte, la Grèce et Rome prodiguaient à leurs enfants. Et cependant ces conceptions bardiques sont originales ; car elles ne se rapprochent d'aucune de celles des écoles savantes de l'antiquité.

TRIADE VII

« Trois choses que Dieu ne peut pas ne pas accomplir : ce qu'il y a de plus *utile*, ce qu'il y a de plus *nécessaire*, et ce qu'il y a de plus *beau* pour chaque chose. »

Utilité, réalité, beauté : tels sont les caractères que les Druides avaient reconnus dans les œuvres de Dieu. Le Créateur, à cause de la plénitude de puissance, de sagesse et de beauté qui se trouve en lui, ne peut pas ne pas produire des choses qui en portent l'empreinte.

La beauté apparaît pour la première fois dans les triades comme un des buts de l'œuvre de Dieu ; mais quelle idée les bardes s'en faisaient-ils ? Se rapportait-elle à l'éclat extérieur ou à l'ordre harmonique, où à certaines qualités internes ? nous l'ignorons. Toujours est-il que le druidisme a connu l'esthétique.

La VIIIe Triade présente un caractère purement métaphysique, non sans quelques traces de subtilité. Elle n'ajoute rien d'ailleurs aux informations précédentes. Les suivantes, par leur seul énoncé, compléteront les données que la théologie gauloise nous a fournies sur la nature, les perfections et les œuvres de Dieu.

TRIADE IX

« Trois choses prévaudront nécessairement : la suprême *puissance*, la suprême *intelligence* et le suprême *amour de Dieu*. »

TRIADE X

« Les trois grandeurs de Dieu : *vie* parfaite, *science* parfaite et *puissance* parfaite. »

Voilà un monothéisme distinctement accentué, quoique encore incomplet. Si le christianisme n'y a pas fait pénétrer quelques-unes de ses notions, les Druides ont la gloire d'avoir produit un théisme qui peut rivaliser avec celui de Socrate et de Platon. Ces réflexions sont confirmées par les Triades XXX et XXXVIII.

« Trois différences inévitables entre l'homme ou tout autre être et Dieu : l'homme est *limité*, et *Dieu ne saurait l'être* ; l'homme a un commencement, et Dieu n'en saurait avoir ; l'homme doit nécessairement passer par des *changements successifs* à cause de son impuissance à supporter l'éternité, et *Dieu ne saurait changer* ; car il peut supporter toutes choses et cela avec la félicité. »

« Trois choses que nul ne peut excepté Dieu : *supporter l'éternité, participer à tout état sans changer, améliorer et renouveler toutes choses* sans les détruire. »

Les Triades suivantes se rapportent à la destinée de l'homme, présente et éternelle ; mais on ne peut quitter les premières sans signaler les lacunes qu'elles laissent entrevoir dans la connaissance de Dieu possédée par les Druides.

D'abord, c'est moins une personne qu'un être abstrait que les Triades nous révèlent en Dieu. Le Créateur n'apparaît jamais sous ce nom, pas plus que sous celui de Père. Être de raison plutôt que l'être le plus vivant et le plus agissant, comment l'homme simple, l'ignorant et l'enfant le comprendraient-ils et s'approcheraient-ils de Lui ? On n'est pas surpris en présence de ces froides abstractions, dont un rayon du christianisme est venu réchauffer quelques-unes, que les tribus nomades et guerrières des Gaëls n'aient pu s'en contenter, et que Tarann, Teutatès et la fée Khoridwen, leur aient plu davantage. Ils laissaient à leurs sages ce monothéisme de spéculation, préférant des dieux qui leur fussent semblables.

Comparez les Triades à ces seules paroles de la Bible : « Comme donc l'Éternel passait devant Moïse, il cria : L'Éternel, l'Éternel ! le Dieu fort, pitoyable, miséricordieux, tardif à colère, abondant en gratuité et en vérité, gardant la gratuité jusqu'en mille générations, ôtant l'iniquité, le crime et le péché, qui ne tient point le coupable pour innocent, et qui punit l'iniquité des pères jusqu'en la troisième et quatrième génération (Ex. XXXIV, 6, 7), et vous comprendrez ce qui a manqué à la doctrine druidique pour devenir populaire.

Les paroles de l'Exode ont été écrites quinze siècles avant que Jésus-Christ vint manifester la pleine connaissance de Dieu, et à là même époque où les Druides exerçaient leur ministère ; mais quelle supériorité dans le langage biblique ! Le Dieu qu'il révèle est un Dieu *humain*, si l'on peut s'exprimer ainsi. Il sort des régions de l'abstraction et apparaît à l'homme pour communiquer avec lui, pour le protéger, le sanctifier et lui pardonner ; ou le frapper et le punir en cas de désobéissance persistante.

Quelque philosophique que pût être le monothéisme bardique, il lui a donc manqué, pour pouvoir exercer une action sensible sur le peuple, la manifestation d'un Dieu vivant, agissant au milieu de ses créatures, s'intéressant à leur état, à leurs peines et à leurs joies, les écoutant et leur répondant, et pourvoyant à leurs besoins, non par une providence générale, mais par un soin particulier de chaque créature.

En un mot, c'est le Père céleste qui est demeuré inconnu à la race gauloise. Grave défaut auquel il faut joindre une autre lacune, celle de l'ignorance de *la sainteté en Dieu*.

« Père saint, Père juste, le monde ne t'a point connu, disait Jésus. (Jean XVII, 11, 25.) Toutes les mythologies sans excepter celles de la Grèce, de l'Inde et de l'Égypte, sont obligées d'accuser la même ignorance de la sainteté. Encore aujourd'hui, qu'on aille chez quelque peuple païen que ce soit, on le trouvera étranger à cette notion, et par là même à celle de son contraire, le *péché*. Beaucoup de langues ne possèdent même pas de mots pour désigner celui-ci.

C'est une preuve frappante de la chute. Oui, malgré la conscience qui témoigne en faveur du droit de Dieu, et de la distinction entre le bien et le mal, il a fallu une révélation pour nous apprendre que Dieu est SAINT et l'homme PÉCHEUR. Notre race en a le vague sentiment, un aperçu. C'est ce qui a fait couler le sang des victimes et nécessité les sacrifices d'expiation, mais c'est ce qui n'a jamais été représenté avec quelque chose d'approchant de la beauté et de la splendeur de cette vision d'Ésaïe :

« L'année en laquelle mourut le roi Hozias, je vis le Seigneur séant sur son trône haut et élevé, et ses pans remplissaient le temple. »

« Les séraphins se tenaient au-dessus de lui, et chacun d'eux avait six ailes ; de deux ils couvraient leur face, de deux ils couvraient leurs pieds, et de deux ils volaient. »

« Et ils criaient l'un à l'autre et disaient : Saint ! saint ! saint ! est l'Éternel des armées. Tout ce qui est dans toute la terre est sa gloire. »

« Alors je dis : Hélas ! moi, car c'est fait de moi, parce que je suis un homme souillé de lèvres et que je demeure parmi un peuple souillé et mes yeux ont vu le Roi, l'Éternel des armées. » (Esa. VI, 1, 3, 5.)

Dieu a les yeux trop purs pour voir le mal, le péché lui est en abomination. C'est pourquoi, dit St. Paul, « tribulation et angoisse sur toute âme d'homme qui fait le mal ; mais gloire, honneur et paix à chacun qui fait le bien ; car Dieu n'a point égard à l'apparence des personnes. Aussi le salaire du péché c'est la mort ; mais le don de Dieu, c'est la vie éternelle par Jésus-Christ. » (Rom. II, 9-11 ; VI, 23.)

Rien de pareil dans les enseignements des Druides.

Quelles conséquences fatales ont dû résulter de ces lacunes ! La conscience s'est de plus en plus cautérisée, le repentir est devenu plus rare, et l'on a substitué, à ce retour du cœur à Dieu, des formes de culte et des sacrifices qui ne sanctifient jamais la conscience du pécheur. De là, si non l'origine, au moins le maintien de toutes les erreurs morales que le druidisme nous fournira l'occasion de signaler plus tard. Là où il n'y a pas de péché qui offense la majesté pure et sainte du Très-Haut, il n'y a pas non plus de culpabilité qui aliène l'homme de son Créateur et nécessite une expiation sainte et une rénovation morale. Il y avait, en effet, chez les Gaëls comme chez les autres nations païennes, des délinquants et par conséquent des débiteurs vis-à-vis de la justice divine. Leurs torts, leurs délits ou leurs crimes, étaient passibles de certaines peines qu'ils devaient subir, ou pour lesquelles une compensation ou des sacrifices devaient être présentés au Souverain Juge, faute de quoi la punition tombait sur l'offenseur ; mais ridée d'une souillure, d'une tache honteuse imprimée à l'âme par le péché était absolument étrangère, non moins que celle du péché, causé par la corruption naturelle du cœur humain. C'est pourquoi, si la nécessité d'une rédemption par une victime pure et sainte était inconnue des Druides, celle d'une régénération morale l'était encore davantage.

Dieu rédempteur du coupable, Dieu régénérateur des âmes pécheresses, n'a donc jamais été entrevu par le druidisme ; il en est résulté que, si les Triades ont parlé de l'amour de Dieu (en admettant qu'il n'y ait pas eu sur ce point une infiltration du christianisme), elles n'ont pas connu Celui, qui seul a pu dire : Je suis non seulement le chemin, la vérité et la vie ; mais encore la charité, l'amour. Nul, jusqu'à la venue des messagers de l'Évangile, n'éleva la voix au sein des collèges druidiques, à la cour des princes gaulois ou dans les assemblées du peuple pour proclamer cette bonne nouvelle : « Dieu a tant aimé le monde qu'il a donné son Fils unique, afin que quiconque croit en Lui ne périsse point, mais qu'il ait la vie éternelle. » (Jean III, 16.)

Mais comment ce monothéisme, quelque imparfait qu'il ait été, s'est-il concilié avec le polythéisme signalé comme ayant aussi régné chez les tribus gauloises et avec la sanction des Druides. Déjà M. A. Thierry reconnaissant cette opposition apparente, indiquait deux courants qui se sont fait jour : celui des anciennes traditions que les Gaëls et Kimris apportèrent avec eux dans leur établissement en Occident, et celui du fétichisme, de cette idolâtrie grossière qui provenait ou du peuple autochtone que les Gaëls trouvèrent dans les contrées qu'ils occupèrent, ou du penchant à l'égard duquel il s'exprime en ces termes : « Dans la religion gauloise comme dans toutes les religions du monde, le fétichisme resta toujours la croyance des classes ignorantes du peuple ; aussi voit-on très tard, les prêtres et les conciles chrétiens tonner encore contre les adorateurs des pierres et des arbres. » (Hist. des Gaul. tom. I, pag. 477. Voyez Maxime de Tyr. Sermon XXXVIII.)

Tout en adoptant cette explication, l'on peut ajouter que la Bible nous ayant appris que l'homme par sa nature première, dégénérée, vit dans l'éloignement de Dieu, que l'imagination de son cœur est mauvaise dès sa jeunesse et que l'affection de sa chair, c'est-à-dire, ce que ses passions aiment, est en opposition à la volonté de Dieu, il n'y a rien d'étrange à voir se maintenir même à côté d'une doctrine religieuse pure et d'un culte spirituel, des légendes superstitieuses et des pratiques soi-disant pieuses, mais absurdes et immorales. L'histoire du peuple d'Israël le confirme. Il suffit de citer le culte du veau d'or qui s'installa peu après que Dieu eut fait entendre sa voix sur le Sinaï pour condamner l'idolâtrie, et celui de Bahal aux jours du prophète Élie. Même depuis l'établissement du christianisme que de faits pareils se sont produits dans notre Occident ! Tandis qu'un A. Kempis ou un Fénelon écrivaient leurs immortelles pages empreintes d'un spiritualisme si élevé, voici à leurs côtés s'élevaient des sanctuaires consacrés à de prétendus saints dont les statues recevaient un culte semblable à celui des dieux ou demi-dieux du paganisme. De nos jours, en ce siècle dont on vante si haut et si fort les lumières et la science, il y a une capitale située dans l'ancien territoire des Gaëls, qui voit à peu de distance de son enceinte, s'élever des temples où la foule se presse et use le marbre de ses genoux, ici devant une châsse qui renferme un cheveu, un fuseau et du fil de la Vierge, là devant des boulets que la Vierge durant le siège de la ville recueillait dans son tablier. Et même dans un des faubourgs de cette capitale, c'est à des bêtes de somme, chevaux, ânes et mulets que la bénédiction divine est donnée en grande pompe, une fois l'an, avec les reliques d'un saint parfaitement apocryphe, nommé Guidon.

S'étonnera-t-on après cela des contrastes qui s'offrent dans l'étude des croyances professées sous le patronage des Druides ? de ce que nous jugeons les unes égales sinon supérieures à celles des sages de l'antiquité, et les autres superstitieuses et idolâtres ? L'absence d'une doctrine écrite, qui et éclairer le peuple et les altérations que subit toujours renseignement oral, n'y ont pas peu contribué.

On doit plutôt être surpris de ce que la croyance en un seul dieu telle que les Triades l'ont exposée, n'a pas été étouffée par la mythologie païenne, et de ce qu'elle a pu se conserver jusqu'aux VIIe et VIIIe siècles. Ne faudrait-il pas y reconnaître le résultat d'une intervention providentielle, comme pour la conservation de la croyance à l'immortalité de l'âme si fortement empreinte chez le Gaulois ? C'est ce qu'on laisse à décider à l'observateur impartial.

CHAPITRE IV

Croyance des Gaulois à l'immortalité de l'âme et doctrine druidique sur la naissance, la mort, la transmigration et la vie éternelle

Opinion de divers auteurs grecs et romains sur la croyance des Gaulois à l'immortalité de l'âme, à ses diverses transmigrations et à la vie future. — Enseignement des Triades sur ces divers points, supériorité de ce système sur celui du panthéisme indien et de la mythologie grecque, ses défauts — Hypothèse dénuée de fondement. La doctrine de la transmigration ou métempsycose paraît devoir expliquer les monuments druidiques formés par des cercles de pierres, dits *crom-lekk*.

Le témoignage de l'antiquité est unanime pour affirmer que les Gaulois croyaient à l'immortalité de l'âme et au passage de celle-ci au travers de diverses existences corporelles avant d'arriver à sa destination dernière.

Strabon dit que « les Druides, les bardes et les ovates croient que les âmes et le monde sont immortels. » (Strabon, liv. IV, pag. 197.) Diodore de Sicile rapporte que suivant eux « les âmes des hommes sont immortelles, et que, le temps de l'existence actuelle accompli, elles passent dans un autre corps et reviennent à la vie. » Liv. V, pag. 216.

Selon César les Gaulois croient que « les âmes ne meurent pas, mais qu'après la mort elles passent des unes aux autres. » Bell. Gall : VI, 15.

C'est aussi le langage de Pomponius, Méla., III, 2. — « O Druides ! s'écrie le poète Lucain, vous qui habitez des retraites sacrées dans la profondeur des bois, vous seuls savez ce que sont les dieux et les puissances du ciel, ou vous seuls l'ignorez ! S'il faut vous croire, les ombres ne vont pas chercher les demeures silencieuses de l'Érèbe, ni les pâles royaumes du dieu de l'abîme. Le même esprit régit d'autres organes clans une autre sphère. La mort est le milieu d'une longue vie. » (Lucain I, vol. 58.)

Quelle parole que celle qui termine ces vers du poète ! La mort le milieu d'une longue vie ! Par quelle route le génie gaulois est-il parvenu à une telle affirmation ?

Le langage des Triades n'est pas moins explicite. Une seule suffira dans ce moment pour le prouver, d'autres serviront plus tard au développement de cette doctrine.

TRIADE XI

« Trois (phases) nécessaires de toute existence par rapport à la vie : le *commencement* dans Annwm, la *transmigration* dans Abred, et la *plénitude* dans le ciel ou le cercle de Gwynfyd, et sans ces trois choses nul ne peut être excepté Dieu. »

Tout ce qui se rapporte à la doctrine de la mort et de la renaissance périodique du monde et de tous les êtres paraît, dit H. Martin, avait été concentré dans la croyance et les rites de la nuit du premier novembre. « Nuit pleine de mystères que le druidisme a léguée au christianisme (lisez plutôt au catholicisme romain), et que le glas des morts annonce encore aujourd'hui à tous les peuples catholiques oublieux des origines de cette antique commémoration. » (Allusion à la fête des Trépassés du 31 octobre et à la Toussaint.)

« Chacune des grandes régions du monde gallo-kimrique, » continue l'historien, « avait un centre ou *milieu* sacré auquel ressortissaient toutes les parties du territoire confédéré. Dans ce centre brûlait un feu perpétuel qu'on nommait le *père-feu*. La nuit du premier novembre, selon les traditions irlandaises, les Druides se rassemblaient autour du père-feu, gardé par un pontife forgeron et l'éteignaient. À ce signal, de proche en proche, s'éteignaient tous les feux de l'île ; partout régnait un silence de mort ; la nature entière semblait replongée dans une nuit primitive. Tout à coup le feu jaillissait de nouveau sur la montagne sainte, et des cris d'allégresse éclataient de toutes parts. La flamme empruntée au père-feu courait de foyer en foyer, d'un bout à l'autre de l'île et ranimait partout la vie. » (Hist. de France, tom. I, pag. 71.)

En cette même nuit les Druidesses *nannettes* (nantaises) accomplissaient un autre rite symbolique, emblème aussi de la mort et de la rénovation de toutes choses. Elles abattaient et reconstruisaient le toit de leur temple rustique. Si dans la presse de l'ouvrage, l'une d'elles laissait tomber ce qu'elle portait entre ses mains, elle était prise ; la divinité la demandait pour victime, ses compagnes se jetaient sur elle et la mettaient en pièces.

C'est encore durant ces heures mystérieuses que toutes les âmes des personnes décédées dans le courant de l'année vont chercher leur juge vers le fond de l'Occident. Mais elles doivent franchir la mer. Elles se rassemblent donc en face de l'île réputée sainte des Senes, dans la baie située auprès du cap de Plogoff en Bretagne. C'est de ce lieu appelé encore aujourd'hui la Baie des Âmes, qu'elles partaient pour se rendre aux îles britanniques.

« Le peuple de ces côtes, » dit le poète Claudien, « entend les gémissements des ombres volant avec un léger bruit... Il voit passer les pâles fantômes des morts. »

« À minuit, » dit l'historien Procope, « les pêcheurs, les nautoniers de ces rivages entendent heurter à leur porte ; ils se lèvent, ils trouvent sur la plage des barques inconnues qu'ils sentent s'appesantir sous la charge d'hôtes invisibles. Ils font voile au couchant, emportés sur les flots avec une rapidité étourdissante. » (De Bell. Gall. Cité par H. M.)

Cette croyance altérée plus tard, s'est réduite à ce point que ce sont seulement les âmes des méchants qui ont besoin de ce voyage purificateur en Angleterre et en Irlande. « On ne peut douter (singulière remarque de la part d'un écrivain catholique), dit H Martin, que le purgatoire de St.-Patrick, en Irlande, si fameux dans les traditions du moyen âge, n'ait été un antre druidique où se célébraient des mystères relatifs à la destinée des morts. La doctrine du purgatoire, c'est-à-dire de l'expiation temporaire outre-tombe est essentiellement druidique comme on va le voir. »

Arrivées en Irlande les âmes comparaissent devant le juge Samhan, sur le caractère duquel manquent les renseignements. Puis elles sont conduites à leur destination future, selon l'arrêt prononcé. C'est le Mercure gaulois Gwyon Teutatès qui est leur conducteur ; mais au lieu d'envoyer les méchants aux enfers (inferis), dans les lieux bas, on les entrailles de la terre, il les introduit dans un nouveau cercle d'existence ; tandis que les justes voient s'ouvrir devant eux les espaces sans bornes du firmament.

Les Druides, ainsi que les Triades nous l'apprennent, comptaient dans l'univers trois cercles qui renfermaient tous les êtres dans leurs diverses évolutions ou destinées.

Que l'on suppose d'abord un point central autour duquel se développe la circonférence d'un grand cercle. Le point se nomme Annwn (prononcez Announ), qui signifie abîme, non dans le sens d'un gouffre sans fond où toutes choses vont se perdre, mais plutôt dans celui d'un immense réceptacle qui contient tous les êtres que Dieu crée, jusqu'au moment où il les appelle à l'activité et au développement de leur nature et par conséquent à la conscience d'eux-mêmes. C'est le sein que le Créateur féconde incessamment et dans lequel il manifeste sa puissante énergie, sa force créatrice et tous les dons que sa sagesse et sa bonté se plaisent à répandre.

Le premier cercle, qui environne ce point est appelé *Abred,* terme qui signifie changement, migration ; c'est là qu'au sortir d'Annwn, immédiatement après avoir reçu la vie, toute créature est introduite et doit développer et perfectionner le caractère, les facultés et la force qu'elle a reçus en naissant Champ d'activité et d'expérience ouvert aux individus, où Dieu les voit ou s'amoindrir, et par conséquent diminuer par l'effet de leurs négligences et de leurs fautes, ou s'accroitre et par suite grandir à cause du courage et de la persévérance qu'ils déploient en combattant contre les difficultés de la vie et en accomplissant leur tache.

À leur mort, les uns et les autres retournent dans Annwn, et y reçoivent une nouvelle forme et condition terrestres ; les premiers dans un degré inférieur, quelquefois jusqu'à celui de l'animal ou de la plante, les seconds au contraire sont élevés dans l'échelle de l'humanité, et lorsqu'ils en ont atteint le faite par leurs vertus, ou par un acte extraordinaire de dévouement, au lieu de redescendre dans Annwn, ils montent dans le deuxième cercle appelé *Gwnfyd* (Gouinfed), ce qui signifie lieu de bonheur, de félicité, paradis. Ce cercle est environné à son tour par un troisième appelé *Ceugant,* qui signifie région creuse, ou étendue à l'infini C'est dans cette dernière sphère qu'est le séjour de la divinité. Si par un de ses côtés le cercle de Ceugant enveloppe Abred et Gwnfyd, de l'autre il est infini. Rien ne le limite, Dieu y déploie son action avec une absolue liberté, dans une étendue sans bornes. Il contient et environne Annwn, Abred et Gwnfyd, pour y exercer son pouvoir créateur ; mais il n'est pas limité par eux. Gwnfyd était souvent assimilé au firmament, à la voûte céleste, c'était donc aussi dans l'une ou l'autre des étoiles que les justes, au sens druidique, étaient transportés.

Là se perfectionnaient leurs connaissances et les forces qu'ils avaient acquises et développées dans Abred. Et les nobles sentiments qui avaient fait battre leurs cœurs dans l'économie précédente, les animaient encore, au point de leur inspirer le désir de redescendre sur la terre, et de réclamer comme une faveur de pouvoir y aller secourir un parent, un ami, ou leur patrie, dans quelque moment de péril extrême. La plupart des personnages auxquels dans les légendes galloises, on attribuait une intervention surhumaine, tels que Merlin et Taliésin, étaient de ces héros revenus de Gwnfyd, pour attaquer quelque redoutable oppresseur et sauver quelque innocente victime.

Tôt ou tard toutes les créatures devaient parvenir dans ce cercle bienheureux. Abred était leur purgatoire, où siècles après siècles devaient s'écouler jusqu'à ce que chacune d'entre elles se fût élevée par ses propres forces et ses mérites à ce qu'exigeait l'entrée dans le séjour de la félicité. Donc point de Tartare où un Sysiphe roule éternellement son rocher, et où les Furies châtient les coupables avec leurs fouets vengeurs, ni point d'Enfer dans le sens biblique ; mais une introduction finale de tout être vivant dans le repos et le bonheur. Chaque personnalité humaine y demeurera éternellement distincte, avec un développement illimité. Mais en arrivant à la perfection intellectuelle et morale, tous les êtres devraient en venir à se ressembler complètement. Cela cependant n'aura pas lieu, et chacun possédera dans Gwynfyd sa prééminence distinctive.

On trouve un exemple de ces diverses transmigrations, qui aboutissent à Gwnfyd, dans un poème attribué à un barde du XIIe siècle, qui se croyait une nouvelle apparition de Taliésin, barde du VIe siècle, et parlait en son nom. La croyance druidique s'y trouve unie à la légende poétique.

« Existant de toute ancienneté dans les océans (Annwn), depuis le jour où le premier cri s'est fait entendre, nous avons été poussés dehors, décomposés et simplifiés par les *pointes du bouleau.* (Le bouleau était le symbole de la force génératrice.) Quand ma création fut accomplie, je ne naquis point d'un père et d'une mère ; mais de neuf formes élémentaires : du fruit des fruits, du fruit du Dieu suprême ; des primevères de la montagne, des fleurs des arbres et des arbustes. J'ai été formé par la Terre dans son état terrestre. J'ai été marqué par *Math* (la mère universelle, d'où *mater*), avant de devenir immortel. J'ai été marqué par Gwyon, le grand purificateur des enfants de Math. Quand le changement se fit, je fus marqué par le Souverain, par le Sage des sages ; je fus marqué dans le temps primitif où je reçus l'existence. Je jouai dans la nuit, je dormis dans l'aurore. En vérité, j'étais dans la barque de Dylan, le fils de la mer, lorsque semblables à des lances ennemies, les eaux tombèrent du ciel dans l'abîme. (Réminiscence du déluge.) J'ai été serpent dans la mer et vipère sur le lac, j'ai été étoile chez les chefs supérieurs, j'ai été dispensateur de l'effusion du gui revêtu des habits du sacerdoce et tenant la coupe. Il s'est écoulé bien du temps depuis que j'étais pasteur ; j'ai transmigré sur la terre avant de devenir habile dans la science ; j'ai transmigré, j'ai circulé, j'ai dormi dans cent îles. »

En fait de choses inanimées, il a été tour à tour un glaive, un bouclier, une hache, un soc, une pelle, une lampe, une corde de lyre, un bateau, un pont, la cheville d'une tenaille, un livre et même un mot écrit en lettres ; puis une souche, une éponge, une goutte de pluie, un grain croissant sur la montagne. En cette qualité, il a eu toutes sortes d'aventures : il a été moissonné, enfumé, grillé, puis mangé par une poule aux griffes rouges, à la crête lacérée, dans le ventre de laquelle il a passé neuf nuits.

Ce qui ajoute à la singularité de cette composition du XIIe siècle, ce sont des allusions à des doctrines et à des faits bibliques, comme dans les lignes suivantes déjà citées : « J'ai été avec le Seigneur dans la suprême élévation, quand il précipita Lucifer dans la profondeur de l'enfer. J'ai été dans le ciel avec Marie-Madelaine. J'ai été autour du sanctuaire dans la région de la Trinité ; je serai jusqu'au jour du jugement sur la face de la terre. » (Hans *Taliesin*, traduit par lady Guest. *Archaeol. of Wal.*)

Tout en faisant la part du langage hyperbolique du poète, on reconnaît en plein la doctrine de la métempsycose poussée même à l'absurde.

Écoutons maintenant le langage des bardes.

TRIADE XII

« Il y a trois cercles de l'existence, le cercle de la *région vide*, où excepté Dieu, il n'y a rien ni de vivant, ni de mort, et nul être que Dieu ne peut le traverser ; le cercle de transmigration (Abred) où tout être animé procède de la mort, et le cercle de félicité (Gwnfyd), où tout être animé procède de la vie, et l'homme le traversera dans la vie. »

TRIADE XIII

« Trois états d'existence des êtres animés : l'état d'abaissement dans Annwn (l'abîme), l'état de liberté dans l'humanité (ou vie humaine), et l'état d'amour ou de félicité dans Gwnfyd (le ciel). Les traditions populaires galloises plus modernes, font souvent mention d'Annwn, comme d'une région ténébreuse pleine de mystères. On donne vulgairement ce nom à l'Enfer, et les *cwn Annwn* ou chiens de l'enfer, jouent dans l'imagination du peuple un rôle semblable à celui de la meute du chasseur sauvage. Certains esprits de ténèbres sont appelés *plant Annwn* les enfants de l'enfer. Mais, chez les bardes les plus anciens, le mot Annwn revient souvent dans le sens d'*abîme*. Taliésin l'oppose au ciel, lorsqu'il dit en parlant du déluge : « Quand vinrent du ciel les torrents de » l'abîme. » (Annwn.)

C'était donc une région ténébreuse, où rien n'existait que ce qui y était créé par la volonté souveraine du Duw ; mais la tradition y faisait régner un personnage mythologique appelé *Gwynn at Nwdd*, ou Gwyon, le fils du Brouillard. Or, nous avons vu que Gwyon jouait dans la mythologie gauloise le rôle de Messager divin, de Prométhée révélateur, même de médiateur. Il y aurait là comme un aperçu ou pressentiment de la doctrine chrétienne de Dieu créant par la Parole qui est son Fils.

La Triade suivante est plus explicite encore sur la transmigration des âmes ou métempsychose.

TRIADE XIV

« Trois phases nécessaires (littéralement trois nécessités) de toute existence par rapport à la vie : *le commencement dans Annwn, la transmigration dans Abred,* et *la plénitude dans le ciel* ou le cercle de Gwnfyd, et sans ces trois choses, nul ne peut exister excepté Dieu. »

Ainsi Annwn, l'abîme ténébreux sans fond fait partie du cercle d'Abred ; c'est le point de départ des transmigrations par lesquelles les êtres s'élèvent graduellement vers la lumière et la vie. M. Pictet remarque en outre que cette idée d'une région ténébreuse, qui sert comme de fond au monde des existences réelles, et qui renferme la matière de toutes choses, se retrouve aussi dans les doctrines gnostiques ; mais à coup sûr ce n'est pas à cette source que les bardes gallois l'ont puisée.

TRIADE XV

« Trois choses nécessaires dans Abred, le *moindre* (degré) *de toute vie*, et de là son commencement ; la *matière de toutes choses*, et de là l'accroissement qui ne peut s'opérer dans un autre état et la *formation de toute chose*, de la mort et de la débilité de l'existence. »

La créature procédant d'un fond qui est le néant, la mort, ne possède donc rien par elle-même. Si elle n'est pas constamment entretenue et soutenue par le principe créateur, par Gwyon, elle retombe dans le néant. De là cette *débilité* signalée. Le Psalmiste disait : Retires-tu ton souffle, ô Dieu ! de tes créatures ? elles défaillent et retournent en leur poudre ; renvoies-tu ton esprit ? elles sont créées de nouveau. (Ps. CIV, 29, 30.)

La Triade suivante porte l'empreinte du christianisme, malgré l'obscurité de quelques-uns de ses termes. Il est impossible de le méconnaître. Mais sommes-nous ici en présence d'un pressentiment des doctrines chrétiennes, ou d'une réminiscence ? La critique a peine à se décider.

TRIADE XVI

« Trois choses auxquelles tout être vivant participe par la justice de Dieu, la *sympathie* (ou le secours) de Dieu dans Abred ; car sans cela nul ne pourrait connaître pleinement aucune chose ; *le privilège de l'amour divin*, et *l'accord avec Dieu*, quant à l'accomplissement par la puissance de Dieu, en tant qu'il est juste et miséricordieux. »

TRIADE XVII

« Trois causes de la nécessité (du cercle) d'Abred : le *développement de la substance matérielle de tout être animé* ; le *développement de la connaissance* de toute chose, et le *développement de toute force* (morale) pour surmonter tout contraire et *Cythraul* et pour se délivrer de *Drwg* le mal. Et sans cette transition de chaque état de vie, il ne saurait y avoir d'accomplissement pour aucun être. »

Le nom de Cythraul est celui que l'on donne vulgairement au diable, à côté de Diafwl, Diawl. *Drwg* désigne plus spécialement le mal. Le mot gallois *drwg*, exprime en général tout ce qui est mauvais au physique comme au moral. De toute ancienneté ; il a été appliqué à la personnification de divers êtres de nature démoniaque, ainsi Dragon.

Avec la Triade XVIII nous arrivons à l'énumération des maux positifs qui caractérisent l'économie transitoire actuelle, celle d'Abred ; elle est conçue en des termes courts et précis qui paraissent même par leur consonance avoir été destinés à se graver dans la mémoire. Les voici dans la langue originale : « Tri phriff annfawd Abred ; angen, anghof ag angen » c'est-à-dire : « Trois calamités primitives (du cercle) d'Abred ; la *nécessité*, la *perte de la mémoire* et la *mort*. »

La nécessité ici mentionnée ne doit pas être confondue avec la fatalité. Celle-ci était complètement étrangère aux idées gauloises : la liberté absolue pour Dieu et la liberté relative pour l'homme se trouvant affirmées dans tous les documents à nous parvenus de l'antiquité gauloise. Ce que la Triade actuelle indique comme la première calamité, paraît donc avoir été la condition dépendante de l'humanité durant son séjour terrestre, condition à laquelle elle est nécessairement soumise. Elle y est assujettie à mille travaux, à mille peines, devant y manger son pain à la sueur de son visage. C'est ce que le langage de Job exprimait en disant : « N'y a-t-il pas un temps de guerre assigné à l'homme sur la terre ; et ses jours ne sont-ils pas comme les jours d'un mercenaire ? Comme le serviteur soupire après l'ombre, et comme l'ouvrier attend son salaire ; ainsi il m'a été donné pour mon partage des mois qui ne m'apportent rien, et il m'a été assigné des nuits de travail. Si je suis couché je dis : Quand me lèverai-je ? et quand est-ce que la nuit aura achevé sa mesure ? Et je suis plein d'inquiétudes jusqu'au jour. » (Job VII, 1-4.)

Quant à la perte de la mémoire, mentionnée en second lieu, c'était une hypothèse toute gratuite, mais nécessitée par le système de la transmigration. Les Druides étaient obligés d'avouer que l'homme ne gardait aucun souvenir des états successifs par lesquels il avait passé antérieurement ; donc il fallait ériger en dogme qu'en sortant d'un mode d'existence, l'homme, avant d'entrer dans un nouveau, perdait la mémoire. On remarquera sans doute que cette seconde calamité, entièrement hypothétique, révèle le côté faible de la métempsycose des Druides.

La Triade XX développe les idées de la XVIII et y ajoute celles-ci.

« Trois choses inévitablement liées à la condition d'Abred, la *transgression de la loi* (c'est-à-dire le péché), car il n'en peut être autrement ; la *délivrance de la mort devant Drwg et Cythraul* : *l'accroissement de la vie et du bien* par l'éloignement de Drwg dans la délivrance de la mort, et cela par l'amour de Dieu qui embrasse toutes choses. »

La traduction de la première partie de cette Triade est difficile. MM. Williams et Owen nous la donnent ainsi : *nulle soumission à des lois impératives, car il est impossible que les actions y soient autrement qu'elles ne sont.* M. Pictet n'approuve pas cette manière de rendre la pensée du texte. « Car, dit-il, elle entraînerait lanon responsabilité de l'homme dans l'existence d'Abred, tandis que la Triade 13ᵉ établit formellement sa liberté ; et d'autre part, la doctrine des bardes et des druides se composait précisément de lois impératives, auxquelles l'homme doit obéir pour arriver à la délivrance. » Par la transgression de la loi, en effet, l'homme tombe sous la puissance de Drwg et de Cythraul (le mal et le Dieu du mal), et il y resterait à jamais si Dieu ne le délivrait pour le replacer par la transmigration dans les conditions d'une épreuve nouvelle. Mais, à chaque transmigration, il est tenu compte à l'homme de la part de vie véritable et de bien qu'il a su conquérir. Il renaît dans des conditions d'autant plus favorables qu'il s'est élevé plus haut ; tandis que la puissance acquise sur lui par le mal, cesse par la mort qui l'en délivre. La somme générale de la vie et du bien s'accroit ainsi continuellement par l'effet de l'amour de Dieu. Ce dernier point est établi par la XXIᵉ Triade où il est établi que Dieu se sert des trois calamités d'Abred dont il a été parlé, Triade XVIII ; pour dominer Drwg et Cythraul, et en affranchir ses créatures.

La théorie de la liberté de l'homme et de sa responsabilité se trouve exposée très clairement dans les Triades suivantes, où se trouvent indiqués les moyens par lesquels il peut parvenir à Gwnfyd.

TRIADE XXII

« Trois choses sont primitivement contemporaines : l'*homme*, la *liberté* et la *lumière*. »

TRIADE XXIII

« Trois choses nécessaires pour le triomphe de l'homme (sur le mal), l'*impassibilité,* (c'est-à-dire la fermeté contre la douleur), le *changement* et la *liberté de choix* ; et avec le pouvoir (qu'a l'homme) de choisir, on ne peut savoir à l'avance avec certitude où il ira. »

L'*impassibilité*, c'est l'élément stoïque de la morale des bardes, laquelle exige de l'homme qu'il soit fort contre la douleur pour être aussi fort contre la passion et le mal. Elle est une vertu méritoire qui donne à celui qui la pratique le pouvoir de s'élever plus haut. Quant au *changement*, c'est la transmigration rendue nécessaire à cause de l'imperfection de l'homme et du besoin qu'il a de s'exercer moralement jusqu'à ce qu'il entre dans Gwnfyd. Ce changement est donc, selon l'idée druidique, une grande faveur du Créateur. Sans elle la créature demeurerait toujours dans son état d'imperfection et d'ignorance. *La liberté du choix*, c'est une nouvelle affirmation que sans liberté il ne peut y avoir d'exercice des facultés morales ni de perfectionnement. Elle est donc aussi un don infiniment précieux, puisque sans elle il ne peut y avoir de véritable triomphe sur le mal.

Confirmation de ces remarques dans les Triades XXIV, XXV et XXVI.

« Trois alternatives (offertes) à l'homme, Abred et Gwnfyd, nécessité et liberté, mal et bien, le tout en équilibre ; et l'homme peut à volonté s'attacher à l'une ou à l'autre de ces alternatives. »

« Par trois choses l'homme tombe sous la nécessité d'Abred ou de la transmigration : par *l'absence d'effort vers la connaissance*, par le *non attachement au bien*, et par *l'attachement au mal*, c'est-à-dire que par ces choses il descend dans Abred jusqu'à son analogue et il transmigre de nouveau comme auparavant. »

« Par trois choses l'homme redescend nécessairement dans Abred, bien que, à tout autre égard, il se soit attaché à ce qui est bon : par *l'orgueil* il tombe jusque dans Annwn, par la fausseté jusqu'au point de démérite équivalent, et par le manque de charité jusqu'au degré correspondant d'animalité (littéralement : jusqu'à l'animal semblable). De là il transmigre de nouveau comme auparavant. »

À ces informations sur la doctrine de la métempsycose, il faut joindre celles non moins intéressantes sur l'état spirituel et moral des bienheureux introduits dans le cercle de la félicité. À ce sujet les Triades suivantes fournissent instruction.

TRIADE XXXVII

« Trois prééminences distinctives de chaque être vivant dans le cercle de Gwynfyd ; la *vocation*, le *privilège* et l'*aven* (le génie primitif). Il n'est pas possible (en effet) que deux êtres soient identiques à tous égards ; il y aura plénitude pour chacun en ce qui concerne sa prééminence (distinctive), et il n'y a pas plénitude d'une chose sans comprendre tout ce qu'elle peut être en réalité. »

Vocation signifie ici juridiction, office, emploi, c'est-à-dire une sphère d'activité propre, avec un but assigné par Dieu. *Privilège*, c'est-à-dire l'action libre et indépendante dans cette sphère d'activité.

Le *génie original* sera rendu à chacun dans Gwnfyd comme un bien inaliénable par le recouvrement de la mémoire, selon les Triades XXXI et XXXII.

« Trois avantages principaux (du cercle) de Gwynfyd : *absence de mal, absence de besoin, absence de mort.* »

Trois choses qui seront rendues à l'homme dans le cercle de Gwnfyd : le *génie primitif, l'amour primitif* et *la mémoire primitive*.

L'amour représente ici l'ensemble des affections pures et sacrées de la famille et de la société. Le cours de ces affections violemment brisé par la mort et par la perte de la mémoire se renouera dans Gwnfyd, et le souvenir des existences passées rendu à l'homme permettra aux bienheureux de ressaisir le fil de leur vie, de se rattacher au passé et de profiter de toutes leurs expériences.

TRIADE XL

« Trois avantages excellents des changements d'état dans Gwynfyd : l'*instruction*, la *beauté* et le *repos*, à cause de l'impuissance de l'homme à supporter le Ceugant qui est au delà de toute connaissance. »

TRIADE XLI

« Trois choses s'y accroissent continuellement, le feu ou la lumière, l'intelligence ou la vérité et l'esprit ou la vie, » mais voici les contraires :

TRIADE XLII

« Trois choses diminuent continuellement : l'*obscurité*, l'*erreur* et la *mort*, » et

TRIADE XLIII

« Trois choses s'affaiblissent de jour en jour, l'opposition contre elles croissant de plus en plus : la haine, l'injustice et l'ignorance. »

C'est donc dans Gwnfyd que viendront tôt ou tard habiter toutes les créatures intelligentes. C'est là que leurs âmes étant à l'abri de l'erreur et du mal, et leur nouvelle enveloppe à l'abri de la souffrance et de la mort, elles goûteront une félicité qui comprendra le repos, la beauté et une connaissance toujours croissante. Créée imparfaite, mais libre, dans Annwn, perfectionnée par ses propres efforts dans les transmigrations successives d'Abred, l'âme méritera tôt ou tard d'arriver au terme de ses luttes, de ses épreuves et de se reposer comme le vieux soldat qui, après mille combats où il a tour à tour été vainqueur et vaincu, finit par triompher et revient dans sa patrie jouir de la gloire et du repos.

On ne peut méconnaître ce qu'il y a de vraiment original et profond dans cette conception de la destinée humaine. Quelque rapprochement que nous essayions d'en faire avec les doctrines de l'antiquité, nous ne trouverons aucun système dont nous puissions dire : C'est de là que les Druides l'ont tirée, ou voilà ce qu'ils ont imité et transformé. La métempsycose indienne n'offre rien d'aussi net ni d'aussi précis, car elle procède du panthéisme pour s'y perdre, tandis que nous voyons ici Dieu qui crée dans Annwn, qui fait transmigrer dans Abred et qui introduit dans Gwnfyd, tout en demeurant dans le Ceugant, sa propre sphère, qui environne les autres cercles, mais ne se confond pas avec eux.

Et quelle distance encore sépare l'enseignement triadique sur l'état des bienheureux de celui du polythéisme grec et du panthéisme indien ! Celui-ci, dans la loi de Manou (liv. XII, 125), déclare que « l'homme qui reconnaît dans son âme l'âme suprême présente chez toutes les créatures, obtient le sort le plus désirable, celui d'*être absorbé dans Brahma.* » La personnalité finit donc par être détruite par cette absorption. Ainsi la métempsycose indienne aboutit au néant, tandis que la possession de la vérité et de la beauté résultait de celle des Gaulois. Quand au polythéisme grec, il a fallu tout le charme de la poésie pour faire supporter l'Élysée et le Tartare ; le premier avec ses rives fleuries le long desquelles se promènent sans cesse des ombres qui regrettent le mouvement et l'activité de leur vie passée, le second avec ses supplices dont l'imagination a fait tous les frais.

La doctrine druidique exprimée dans la Triade XIX : « Trois nécessités de toute existence par rapport à la vie (ou pour arriver à la vie), *le commencement dans Annwn, la transfiguration dans Abred et la plénitude dans le cercle de Gwnfyd,* est un hommage, involontaire peut-être, à la révélation biblique sur l'état de péché et de condamnation où gît la race humaine, état dont elle ne peut absolument point sortir par elle-même. Le Druide ignorant, par quel moyen on obtient le salut, a imaginé celui de la mort du coupable et de sa renaissance continuelle jusqu'à son entière purification. On peut donc placer le druidisme au nombre des religions où l'homme est considéré dans sa nature actuelle comme incapable d'aller au ciel. C'est la conscience qui a parlé à nos pères, et quoiqu'elle ne les ait pas conduits jusqu'au point de les convaincre de la nécessité d'une expiation et d'une régénération morale plus que physique, encore devons-nous apprécier cette étincelle qui a brillé au sein de la nuit la plus ténébreuse. Tel qu'il est, ce système n'est point demeuré stérile. C'est à lui qu'il faut attribuer le courage du peuple gaulois pour supporter la souffrance, son mépris de la mort et son esprit de dévouement. La croyance à la capacité de l'homme pour le bien et au mérite des œuvres le portait aussi à l'action, aux efforts, aux sacrifices. Mais après tout, ce système lui-même n'est qu'une hypothèse ingénieuse, brillante, ne reposant que sur l'invention des Druides. Ceux-ci voyaient ce que Salomon a jadis observé qu'» une génération passe et qu'une génération vient, mais que la terre demeure toujours, » et que « vanité des vanités, tout est vanité. » Or, ne pouvant expliquer cette persistance de la mort et de la vie sur une terre qui *demeure la même*, ils avaient imaginé d'unir la vie à la mort, en faisant procéder celle-là de celle-ci. De là le mort qui redevient vivant. La morale y était en apparence satisfaite, car on supposait que le défunt renaîtrait selon ses mérites dans une condition supérieure ou inférieure. L'affligé, l'opprimé et le pauvre puisaient des consolations dans l'espoir de renaître pour vivre dans une condition meilleure.

Lisez une charmante ballade que la poésie bordigue nous a transmise, qui rappelle celle de Burger intitulée *Lénora, ou Les morts vont vite* ; mais elle est d'autant plus gracieuse et consolante que celle du poète allemand est pleine de terreurs et de désespoir. Il s'agit d'une jeune fille qui, ayant perdu sa mère, se trouve sous le pouvoir d'une marâtre. Pour se débarrasser d'elle on l'oblige à épouser un homme qui lui est antipathique. Elle conjure et supplie ses parents de lui épargner cette douleur ; vains efforts, le mariage est fixé au lendemain. Dans la nuit qui précède l'union redoutée la fiancée s'endort. Or voici, dans son rêve, lui apparaît son frère de lait, qu'elle n'a pas vu depuis cinq ans, depuis qu'enfants ils jouaient ensemble. Le jeune homme est monté sur un cheval, il vient l'enlever ! il la met en croupe et part.

« Que nous allons vite, mon frère ! lui dit-elle. Que je suis heureuse auprès de toi ! Que ton cheval est souple et ton armure brillante ! Je te trouve bien grand, mon frère de lait. Je te trouve bien beau. Est-il encore loin ton manoir ? — Tiens-moi, répond-il, tiens-moi toujours bien, ma sœur, nous arriverons tout à l'heure. Tiens-moi toujours, ma sœur, nous voici tout près. N'entends-tu pas les sons perçants des joyeux sonneurs de nos noces ? »

« Il n'avait pas fini de parler que le cheval s'arrêta. »

« Et ils se trouvèrent dans une île où une foule de gens dansaient, où garçons et belles jeunes filles, la main dans la main, s'ébattaient tout autour des arbres verts chargés de *pommes* (le fruit mystique des Druides), et derrière, le soleil levant sur les montagnes. »

« Une petite fontaine claire y coulait ; des âmes y buvaient et *revenaient à la vie*. La mère de Gwennola (la fiancée) était avec elles, et ses deux sœurs aussi. Ce n'étaient là que plaisirs, chansons et cris de joie. »

« Le lendemain, au lever du soleil, des jeunes filles portaient le corps sans tache de la petite Gwennola de l'église blanche à la tombe. »

(La Ville Marqué. Barsaz Breiz, tom. I, pag. 279.)

« Ce Paradis, observe M. Martin, est bien différent de celui de l'Église du moyen âge. (Il ne lui a donc pas été emprunté.) Cette île est la mystique Avallon, l'île des Pommiers, où Arthur a été enlevé vivant et d'où il doit revenir sur la terre. » (Ier vol., note XIII.)

Malgré le parfum poétique que la métempsycose druidique vient de nous faire respirer, elle demeure une supposition qui n'offre aucune garantie de vérité, aucun fait qui la sanctionne, ni aucune expérience qui la confirme. On nous parle, il est vrai, d'Arthur, de Merlin, de Taliésin, comme de personnages revenus de Gwnfyd, dans le cercle d'Abred, pour secourir leurs amis. Mais ces apparitions sont environnées de tant de légendes, de tant de fables, qu'elles ne présentent aucun caractère historiquement vrai. Outre l'absence de bases sur lesquelles ce système puisse s'appuyer, il ne peut résister à la critique par un point déjà signalé, c'est l'hypothèse toute gratuite de la perte de la mémoire qu'amène la mort, de sorte qu'en réalité l'individu qui revient à la vie n'est plus le même que celui qui était décédé ; car il ne se souvient plus de sa vie antérieure. Sa personnalité a été brisée. On a beau dire que c'est toujours le même individu qui reparaît ; on répond que c'est par le fil des souvenirs qu'on s'assure de l'identité du moi au travers des périodes de l'enfance, de l'adolescence et de l'âge mûr.

Nouvelle supposition. Une fois parvenu dans Gwnfyd, l'homme recouvre la mémoire selon les Triades XVIII et XXXII.

« Trois calamités primitives du cercle d'Abred : la nécessité, *la perte de la mémoire* et la mort. »

« Trois choses qui seront rendues à l'homme dans le cercle de Gwnfyd : le génie primitif, l'amour primitif et la *mémoire primitive.* »

Si cette perte et ce recouvrement de la mémoire sont attaquables sous le point de vue philosophique, sous le point de vue moral, ils ne prêtent pas moins le flanc à la critique.

Comment, en effet, profiter d'expériences dont on a perdu le souvenir ? Quels progrès intellectuels et moraux peuvent s'accomplir chez des êtres qui sont privés de la faculté de savoir qu'ils ajoutent, vie après vie, ne fût-ce que le plus petit grain de sable, à l'édifice sous lequel ils doivent un jour s'abriter ? La théorie druidique du progrès et du perfectionnement de l'individu et même de l'humanité, jusqu'à ce que tous puissent être reçus, purifiés et perfectionnés par leurs transmigrations successives dans le cercle de la félicité, n'est donc qu'un rêve ingénieux duquel on peut à peine dire : *Se non vero bene trovato.*

Tout système erroné sur l'homme et sa destinée produisant toujours de funestes conséquences en morale, celui qui nous occupe n'a point fait exception à cette règle. Elles apparaîtront lorsqu'il sera question des mœurs de nos ancêtres. Mais, avant de quitter le sujet actuel, on doit faire remarquer que les menhirs, les dolmens et les cercles concentriques paraissent offrir une représentation sensible de la théorie druidique sur Abred, avec Annwn, son point central, sur Gwnfyd séjour des bienheureux, qui enveloppe le cercle précédent, enfin sur Ceugant, ce cercle qui embrasse tout et n'est limité par rien. Ces pierres froides et muettes ont donc leur langage, éloquent même quelquefois ; on n'ose cependant pas affirmer qu'il soit assez précis et distinct pour donner la certitude.

CHAPITRE V

La morale druidique et les mœurs gauloises

Pénurie de documents originaux, témoignages étrangers. — Ignorance de ce qu'est la sainteté, l'humilité et l'amour pour Dieu, le lien conjugal, la piété filiale, la charité, le pardon des injures. — Habitudes de cruauté. — Les Triades recommandant la science, et prêchant la liberté, l'impassibilité, la justice, la vérité. — Lacunes de cet enseignement.

Il n'existe pas d'écrits gaulois ou celtes d'une époque antérieure au christianisme qui exposent le sujet de la morale. Celle-ci n'ayant été traitée *ex professo* par aucun auteur, il faut se rabattre sur la portion des Triades qui a été traduite, et sur, les poésies bardiques, quoique celles-ci racontent des faits merveilleux plutôt qu'elles ne peignent les caractères et n'analysent l'état moral de la société. On pourra profiter aussi de ce que les historiens étrangers qui ont visité les Gaules, dans des temps reculés, durant l'ère druidique, ont pu nous rapporter. On se souvient de la remarque faite sur ce que les Druides n'ont pas connu la *sainteté* comme élément essentiel du caractère de Dieu, et par conséquent n'ont pu se faire une idée de ce qui en est le contraire, savoir le *péché*, cet acte qui constitue une souillure pour l'âme. On parle, il est vrai, dans les Triades, d'obéissance et de désobéissance à Dieu, du mal et du bien, mais ce n'est jamais comme si le coupable se voyait par sa transgression indigne de paraître devant le Saint des Saints, devant Celui qui « a les yeux trop purs pour voir le mal. »

Dans Abred ce n'est pas le péché qui disparaît, pour faire place à la sainteté ; non, mais c'est un amoindrissement qui est changé en accroissement. Le pécheur s'amoindrit quand il fait le mal, et s'accroit quand il fait le bien. Ainsi la Triade XV dit : « Trois choses nécessaires dans Abred, le moindre degré (ou le minimum) de toute vie, et de là son commencement ; la matière de toutes les choses et de là l'accroissement, etc. »

Et, lorsque les Druides exposent la différence entre Dieu et l'homme, il ne disent pas : Dieu est *pur* et l'homme *souillé*, Dieu est *saint* et l'homme *pécheur*, mais « l'homme est limité et Dieu ne saurait l'être, l'homme a un commencement, Dieu n'en saurait avoir, et l'homme doit passer par des changements successifs à cause de son impuissance à supporter l'éternité du *Ceugant*, mais Dieu ne saurait changer car il peut supporter toutes choses, et cela avec la félicité. » — (Triade XXX.)

On le voit, c'est une différence de durée et de force qui existe entre l'homme et Dieu ; quant à la différence morale, il n'en est pas question. Aussi la conscience avec ses saintes exigences paraît avoir fort peu fait entendre sa voix et sentir ses aiguillons sous les chênes où le collège druidique siégeait. Heureux encore lorsqu'on ne faisait pas intervenir cet hôte sacré pour justifier des superstitions et des rites sanguinaires. Cependant, au fond de l'institution des sacrifices, on ne peut douter qu'il n'y eut l'idée d'une satisfaction donnée à la conscience. Celle-ci reprenant par moment ses droits, ne pouvait être tranquillisée que par la mort d'un animal, ou même (pour que le sacrifice eut plus de valeur), par celle d'une victime humaine

Après cela nous ne serons point surpris d'apprendre par le témoignage des historiens que les Gaulois étaient adonnés à la luxure, à l'incontinence et qu'ils ne considéraient pas l'intempérance et la gloutonnerie comme des vices. Les récits de nos auteurs sont pleins de détails sur des repas monstrueux d'où l'on ne sortait que dans un état inférieur à celui de la brute. Posidonius qualifie ces festins de *repas de lions*. Ils nous disent que maintes fois les batailles gagnées par les Gaulois un jour, étaient perdues le lendemain, parce que l'ennemi revenant à là charge trouvait les vainqueurs ivres et incapables de se défendre. Cette triste passion que le poète a nommée : « Auri sacra fames » (la maudite faim de l'or) n'a pas moins exercé ses ravages, chez nos pères. Rien dans la morale druidique ne venait la réprimer. Ce fut le démon de l'avarice et l'amour du butin qui leur firent entreprendre tant de folles invasions où ils laissèrent leur liberté ou leur vie. Qu'on lise, par exemple, l'histoire de leurs expéditions en Italie et de celle qui eut pour objet le pillage du temple de Delphes, et l'on se convaincra que l'accusation actuelle n'est pas dénuée de fondement. (Voyez Augustin Thierry. Hist. des Gaulois, 1er vol. pag. 215 à 230.)

Que l'on comprenne bien d'ailleurs la portée de la critique. On ne prétend pas qu'il n'y ait point eu parmi eux d'hommes sobres et continents, désintéressés et satisfaits de leur avoir, mais seulement que la nation considérée sous un point de vue général, ne se composait pas de tels citoyens. Comment en effet les inclinations naturelles du cœur humain, duquel sortent, dit Jésus, « les mauvaises pensées, les meurtres, les adultères, les fraudes, les larcins, les mauvais moyens pour s'emparer du bien d'autrui » auraient-elles été subjuguées par la morale froide et incomplète des Triades, ou par celle des prêtres de Tarann ou de Teutates, ou de la fée Koridwen ? Il n'est pas douteux au contraire que le culte des faux dieux, encouragé chez nos pères, comme chez tous les païens, par les dévots ignorants et superstitieux, n'ait conduit à l'immoralité et au vice.

Les sacrifices religieux étaient suivis le plus souvent de festins où l'intempérance et la grossièreté des mœurs ne craignaient pas de se montrer et engendraient des rixes et des luttes sanglantes.

On conçoit qu'en présence d'un tel état de choses, les Druides aient senti jusqu'à un certain point que l'homme n'avait lieu de se glorifier ni devant Dieu, ni devant les hommes, et qu'ils aient classé l'*orgueil* (dans une seule Triade il est vrai, la XXVI) au nombre des vices, qui font retomber jusque dans Annwn. Encore n'est-on pas certain que cette Triade qui mentionne aussi le manque de charité et de vérité, comme cause de chute et de retour à l'état primitif, ne porte pas l'empreinte de la morale chrétienne. Il est d'ailleurs démontré que l'antiquité gauloise, pas plus que l'antiquité grecque, romaine ou égyptienne, n'a connu la vertu de l'*humilité*.

C'était plutôt un esprit vantard qui se montrait chez nos pères ; ils avaient un besoin incessant de se produire et de parler. Les Grecs leur attribuaient une éloquence fanfaronne, boursoufflée et par trop tragique. (Diod. Sicul. liv. V, 31.) Strabon rapporte que dans les assemblées publiques de la tribu gauloise il était si difficile d'obtenir le silence et d'empêcher les interruptions, qu'on avait dû établir un huissier chargé de s'avancer l'épée à la main contre les interrupteurs ; et lorsque ceux-ci ne faisaient pas droit à la sommation qui leur était adressée, l'huissier coupait avec son arme un pan de l'habit du récalcitrant. (liv. XV, pag. 167.)

Une seconde lacune qui a été signalée dans le caractère de la divinité ; c'est l'*amour*. Dans la théologie druidique Ésus, le Duw, a pour associées la lumière et la liberté, mais il est étranger à l'amour, cet attribut divin qui occupe une si grande place dans la théologie chrétienne. L'Occident pas plus que l'Orient, n'a su prononcer, sans une révélation surnaturelle cette simple parole « Dieu est amour, » ni présenter la charité comme l'accomplissement de la loi. Sur ce point surtout la lacune est complète dans les Triades. Elles parlent de crainte de Dieu, d'obéissance à ses lois, mais la piété n'est pas nommée. Cet élément mystique fait absolument défaut. — Quelques Triades, entre autres celle-ci : « Trois choses prévaudront nécessairement : la suprême puissance, la suprême intelligence, et le suprême amour de Dieu (Triade LX) présentent l'amour comme une perfection divine et même dans la Triade XVI, *la sympathie de Dieu* à l'égard de sa créature dans Abred, est mentionnée ; mais remarque judicieusement M. Ad. Pictet : n Il est impossible de ne pas reconnaître dans ces idées si élevées une influence des principes chrétiens, car c'est la doctrine de la grâce sous une autre forme. À Rien au contraire ne signale dans les institutions et lois religieuses des Gaëls, avant l'ère chrétienne, la présence de l'amour gratuit de Dieu pour le pécheur comme élément qui entrât dans leur théologie et leur morale.

« Le rôle des femmes chez les Gaulois, dit H. Martin, paraît avoir tenu aux tendances spontanées de notre race plus qu'à la religion, pour qui les Druidesses représentaient moins des puissances morales que des puissances naturelles. Le druidisme si glorieusement affranchi des erreurs orientales sur ce qui regarde le Créateur et la créature, ne paraît pas s'en être dégagé quant à l'interprétation de la diversité des sexes. » (Tom. I, pag. 84, note.)

La position de la femme a donc été très malheureuse, quand on l'observe dans les siècles antérieurs au christianisme ; plus tard, elle s'améliora. D'esclave elle devient compagne, et souvent elle partage avec son mari les périls et les luttes de la guerre. Le témoignage des historiens concorde d'ailleurs très peu sur ce point. Les uns nous représentent le Gaulois polygame, traitant sa femme avec barbarie, et l'exposant à de dures épreuves pour s'assurer de sa fidélité. « Nulle idée de famille, dit A. Thierry, n'existait chez les Gaulois. Les femmes y étaient tenues dans cet asservissement et cette nullité qui dénotent un état social très imparfait. Le mari avait droit de vie et de mort sur la femme comme sur les enfants. » (Tom. I, pag. 471.)

D'autres nous offrent un tableau moins triste de la vie conjugale, et citent de bien beaux traits de fidélité de la part de quelques femmes envers leurs maris. Ainsi, c'est une Camma qui, obsédée par un chef gaulois, le repousse constamment parce qu'elle est mariée, et lorsque son persécuteur afin de s'emparer d'elle fait périr son mari, elle feint de consentir à l'épouser, mais au pied de l'autel elle avale la moitié d'une coupe et donne le reste à boire à son nouvel époux. Le poison qui s'y trouvait ne tarde pas à produire son effet. Le chef meurt le premier ; Camma l'apprenant, s'écrie avant de rendre elle-même le dernier soupir : « Sois bénie, ô Déesse ! de ce que j'ai pu venger la mort de mon époux assassiné à cause de moi. Pour toi, ô le plus scélérat des hommes, dis aux tiens qu'ils te préparent un linceul et une tombe, car voilà la couche nuptiale que je t'ai destinée. »

Thiorama, nouvelle Judith, apporta à son mari la tête de l'homme qui l'avait outragée en lui disant : Au moins deux hommes vivants ne pourront pas se vanter de m'avoir possédée. (A. Thierry. liv. III, chap. IX.)

Il fallait, observe avec justesse un auteur, que ces époux auxquels on montrait tant de fidélité ne fussent ni des polygames, ni des tyrans.

Ce qui est certain, c'est que la condition du sexe se présente toujours plus favorablement à mesure qu'on descend le cours de l'histoire des Gaulois et qu'on les voit entrer en rapport avec les Romains, puis avec les chrétiens. Déjà au premier siècle de l'ère chrétienne, la femme était assurée de certains avantages par contrat. Elle n'est plus renvoyée par caprice et sans compensation. Au reste la diversité de langage des historiens sur ce point s'explique par les divers degrés de civilisation que présentaient les nombreuses tribus qui couvraient le sol de la Gaule.

On lit dans Jules César deux traits qui, quoique isolés, ne laissent pas que de montrer comme fort relâché le lien qui unissait les membres d'une même famille et les tribus du même pays. Les voici :

Lors du siège d'Avaricum, la capitale des Bituridges (la ville de Bourges), les Gaulois se sentant serrés de fort près par les troupes de leur grand adversaire et ne voyant plus aucun moyen de résister, résolurent de quitter secrètement la ville ; et pour ne point ralentir leur fuite par la marche des femmes et des enfants, ils se décidèrent à les laisser à la merci du vainqueur. Ils avaient caché ce projet à leurs épouses, mais celles-ci en ayant eu vent, en empêchèrent l'exécution. Dans une autre occasion, le général romain ayant voulu tirer vengeance des Éburons qui avaient massacré environ 10000 vétérans romains commandés par Labiénus, se rendit sur leur territoire, les défit, les poursuivit dans leurs retraites, et après un carnage et un pillage affreux, il convia toutes les tribus voisines, Nerviennes, Atuatiques et Germaines, à venir achever ce que ses soldats n'avaient pu accomplir, savoir la poursuite et la ruine des malheureux Éburons retranchés derrière leurs marais, ou enfoncés dans le plus profond des bois. Les tribus gauloises et germaines répondirent avec un tel empressement à cette demande de César, que leur nombre surpassa de beaucoup ce qui était nécessaire. Aussi pour rendre leur expédition plus fructueuse, imaginèrent-elles de surprendre et de piller le camp romain ; alors César se vit avec les siens à deux doigts de sa perte.

Un pays où de pareils faits se produisent est assurément dans un triste état moral. Mais une autre lacune dans la famille, c'est celle de la piété filiale Celle-ci n'est ni recommandée, ni même nommée dans les Triades et dans les poésies bardiques. Le fils était généralement sous le gouvernement de la mère jusqu'à l'âge de quinze ans, époque où il lui échappait pour se placer sous la conduite de son père et se former au travail manuel et aux exercices belliqueux.

Si le lien sympathique et affectueux qui doit unir les membres d'une même famille n'a pas été fortifié par la doctrine druidique, celle-ci a moins encore enseigné l'amour du prochain ou la charité évangélique ; aucune trace dans les monuments de cet âge reculé qui permette d'y retrouver le sentiment qui dictait au poète latin le célèbre : *Homo sum,* etc., c'est-à-dire : « Je suis homme et rien de ce qui intéresse l'humanité ne m'est étranger. »

On ne rencontre pas davantage des indications qui permettent de croire que les conducteurs spirituels des Gaulois leur aient enseigné le support de l'injure et le pardon des offenses. Non seulement l'amour de la guerre et la passion des entreprises belliqueuses sur les contrées lointaines, paraissent avoir été entretenues par le chant des bardes qui se plaisaient .à raconter et à embellir les exploits des guerriers, mais encore ces poètes nationaux ne combattaient nullement la coutume des duels que le désir de la vengeance ou les exigences d'un prétendu point d'honneur, ou même le goût pour ces cruels divertissements, rendaient si générale. Bien loin de s'affliger d'avoir dû immoler tant d'ennemis ou même de concitoyens, on s'en faisait gloire et l'on se plaisait à orner sa demeure des ossements des vaincus.

Il faut entendre l'étranger Posidonius se récrier sur l'effroyable spectacle qu'il eut sous les yeux en visitant la demeure des pères de notre race. « Chacun s'empressait, rapporte M. Thierry, de clouer à sa porte ou aux portes de sa ville l'irrécusable témoin de sa vaillance ; et comme on traitait de même les animaux féroces tués à la chasse, un village gaulois ne ressemblait pas mal à un charnier. Embaumées et soigneusement enduites d'huile de cèdre, les têtes des chefs ennemis et des guerriers fameux étaient déposées dans de grands coffres, au fond desquels le possesseur les rangeait par ordre de date. C'était le livre où l'adolescent aimait à étudier les exploits de ses aïeux, et chaque génération qui passait s'efforçait d'y ajouter une nouvelle page. Quelquefois le crâne nettoyé et enchâssé précieusement servait de coupe dans les temples, ou circulait à la table des festins Ces mœurs brutales et féroces régnèrent longtemps sur toute la Gaule ; mais au commencement du IIe siècle, elles étaient reléguées chez les plus farouches tribus du nord et de l'ouest. C'est là que Posidonius les trouva encore en vigueur. La vue de toutes ces têtes défigurées par le carnage et noircies par l'air et la pluie, lui souleva le cœur d'horreur et de dégoût. « Mais, ajoute naïvement le voyageur stoïcien, mes yeux s'y accoutumèrent peu à peu. » (*Hist. des Gaulois*, pag. 484, 485.)

Ce n'était pas seulement la mort que le vaincu avait à redouter ; fait prisonnier il était exposé à d'affreuses tortures. On le crucifiait ou on le garrottait à un arbre pour servir de but aux flèches et aux javelines. Au dire des historiens, ces cruautés ont été pratiquées jusqu'à l'époque où, par leur contact avec les Grecs et les Romains, les Gaëls s'adoucirent, s'humanisèrent, et dès lors firent de leurs prisonniers des esclaves.

On ne peut malheureusement pas affirmer que l'adoucissement signalé dans les mœurs ait été l'œuvre des Druides, car le fait rapporté par l'historien cité, de ces crânes servant de coupes dans les temples, est concluant. Le témoignage de Tite-Live sur lequel M. Thierry s'appuie est encore plus fort : Ces crânes, dit-il, enchâssés dans l'or, servaient de vases pour les libations dans les solennités, et de gobelets au sacrificateur et aux officiants du temple. (Tite-Live, XXXIII, 24.)

Le druidisme n'a-t-il eu cependant aucune influence favorable sur les mœurs de la nation ? Il en a eu ; et d'abord l'opprobre que les Triades jetaient sur l'ignorance et les éloges qu'elles prodiguaient à la science est significatif. — Ainsi :

« Trois choses s'affaiblissent de jour en jour, l'opposition contre elles croissant de plus en plus, la haine, l'injustice et l'*ignorance*.

« Trois choses diminuent continuellement : l'*ignorance*, l'erreur et la mort. (Triades XLII, XLIV.)

« Trois choses s'accroissent continuellement : le feu ou la *lumière*, l'*intelligence* ou la vérité et l'*esprit* ou la vie. » (XLI.)

« Trois choses principales à obtenir dans l'état de l'humanité : la *science*, etc. » (XXVII.)

D'après un tel langage on doit s'attendre à ce que la culture de l'esprit et la recherche de la vérité aient occupé une grande place dans la vie des Gaëls. Mais les Druides s'étaient arrogé le monopole de l'instruction et l'exploitaient dans toutes ses branches : théologie, métaphysique, jurisprudence, astrologie, médecine, botanique, etc., or, par le fait de l'accumulation de ces études sur un petit nombre de têtes, du défaut de méthode, et surtout de l'absence d'une écriture qui permit de populariser la science, d'appeler la critique et la discussion par voie littéraire, la stérilité a régné dans le champ de la philosophie et de la littérature gauloises.

Quelque remarquables que soient le Mystère des bardes et les poèmes bardiques, leur forme et leur caractère indiquent le produit spontané du génie d'un petit nombre de penseurs et, de poètes plutôt qu'une littérature proprement dite, semblable à celles que la Grèce et Rome nous ont léguée.

On conçoit d'ailleurs que la vie nomade des tribus gauloises et leurs expéditions aventureuses dans toutes les directions n'aient point favorisé l'instruction du peuple. Celui-ci en effet, laissait l'étude aux Druides et la poésie aux bardes, et ne s'occupait que des travaux réclamés par l'industrie ou l'agriculture, et par les exercices de la chasse et de la lutte. « Le peuple, dit encore M. Thierry, faisait de la guerre sa profession privilégiée, du maniement des armes son occupation favorite. Avoir une belle tenue militaire, se conserver longtemps dispos et agile, était non-seulement un point d'honneur pour les individus, mais un devoir envers la cité. À des intervalles de temps réglés, les jeunes gens allaient se mesurer à la taille à une ceinture déposée chez le chef politique du village, et ceux qui dépassaient la corpulence officielle, étaient sérieusement réprimandés comme oisifs et intempérants, ou ils étaient punis d'une amende. » (Hist. des Gaul., tom. I, pag. 461.)

C'est d'après le témoignage de Strabon, historien bien informé que ces renseignements nous sont fournis. Assurément il y a loin d'une telle éducation et de tels examens à ce qui se fait aujourd'hui à l'Université de France, et même à l'école primaire, pour l'instruction de la jeunesse. Mais on n'a pas besoin de ce terme de comparaison tout moderne pour signaler comme très défectueux l'état des lettres et de l'enseignement chez les peuple placés sous le patronage des Druides ; il suffit de constater les progrès remarquables des sciences et des arts durant les cinq ou six siècles antérieurs à l'ère chrétienne, en Italie, en Grèce et en Égypte, et même dans une grande partie de l'Orient. Les écoles florissantes d'Athènes et d'Alexandrie ne nous préparent point à voir complaisamment à la même époque le jeune Gaulois n'ayant pour toute discipline que l'obligation de se faire mesurer. Ce caractère belliqueux, entretenu par l'éducation chez la nation gauloise aux dépens de l'étude, n'a-t-il pas conservé son empreinte chez le peuple qui occupe aujourd'hui le sol de ces Gaëls, Celtes, Kimris, Belges toujours si prompts et si ardents à l'attaque à main armée ?

L'affirmative est plus que probable. La même remarque se produira au sujet d'une nouvelle disposition que le druidisme a favorisée et à laquelle même il a fini par succomber : l'*amour de la liberté*.

Déjà la pierre branlante du *dolmen* annonçait la liberté en Dieu et sa justice qui se maintient en équilibre, tandis que la 1re Triade divinisant en quelque sorte la liberté, en faisait une des trois unités primitives.

Or un peuple qui vit en présence d'une aussi grande idée, doit s'être pénétré lui-même de cet esprit de liberté, et l'on peut s'attendre à ce que s'il ne rencontre pas dans son éducation ou dans des circonstances extérieures un contrepoids à cette tendance, il la poussera à l'excès. Ce contrepoids ne se trouva point. Le druidisme flatta même les inclinations populaires en exaltant ce qui devait un jour le détrôner. Le reflet de ses enseignements apparaît dans tout son éclat, quand on lit dans la Triade XXII : « Trois choses sont primitivement contemporaines, l'homme, *la liberté*, la lumière. »

Mais à la liberté qui devait s'exercer sous le regard et la dépendance de la Divinité et concurremment avec la justice, succéda bientôt l'esprit d'indépendance, l'affranchissement de toute contrainte. Cette disposition devenue excessive, empêcha toujours les diverses tribus gauloises de former une confédération étroitement unie, un État. Jalouses de leurs privilèges, elles n'en supportaient pas la moindre diminution, et malheur à quiconque se rendait coupable de la plus légère atteinte à leurs droits ! De là des rivalités, des haines entre les peuplades, de là des discordes intestines semblables à celles de la Grèce, avant l'invasion de Philippe, de là dans la confédération gauloise des interstices, des solutions de continuité, dont l'habileté de César sut tirer parti pour pénétrer jusqu'au cœur de la nation. Car ce fut tout autant en excitant la jalousie d'une tribu contre l'autre, ou en promettant la liberté à une tribu opprimée par une autre plus forte, que par la valeur de ses légions et son admirable tactique, que ce grand capitaine se rendit maître des Gaules. Déjà avant son apparition, les chefs politiques et militaires ne voulaient plus se soumettre à l'autorité des Druides, et à leur tour les notables et les riches ne voulaient plus obéir à leurs princes et aspiraient à l'affranchissement.

Le mouvement des esprits tendait à l'anarchie. Les attaques du général romain rendirent quelque unité à la nation qui réclamait pour sa défense les bras de tous ses enfants, et encore la voix de la patrie fut-elle peu écoutée. De là sa défaite, et sa servitude. Mais le Gaulois ne porta ses chaînes qu'en frémissant ; jamais il ne les accepta, jamais il ne s'y accoutuma.

Si des affaires de l'État et de la politique on descend dans celles de la famille, on voit bientôt quelle influence tour à tour, bonne et mauvaise, cette passion de la liberté et cet esprit d'indépendance ont produite. Nul doute qu'ils ont contribué à former des caractères mâles, entreprenants, énergiques, des hommes qui ont poursuivi leur but, malgré difficultés, périls et souffrances de tous genres, mais aussi que d'abus, que d'excès sont résultés de cette disposition à ne vouloir écouter que soi et à ne ployer sous aucun joug, même le plus légitime !

Ce qui ajouta considérablement à cette sauvage énergie de l'homme libre chez les Gaëls, ce fut la vertu stoïque de l'impassibilité préconisée par le druidisme. Déjà M. H. Martin, en remarquant la facilité avec laquelle le Gaulois courait au supplice et à la mort, s'adressait cette question :

« D'où procède donc cette force surhumaine contre l'angoisse qu'inspire à la créature pensante l'approche de la dissolution de son corps ? »

« Serait-ce le point d'honneur ; mais s'il explique le duel, il n'explique pas le suicide, il n'explique pas les étranges immolations volontaires aux dieux dans les solennités nationales, ni ces suicides bien plus étranges encore où le Gaulois, pour quelques pièces d'or et quelques cruches de vin qu'il distribue libéralement à ses amis, tend la gorge au couteau et meurt en riant. Le caractère essentiel de tout ce que nous venons de dire, le cachet de la race gauloise, c'est de jouer avec la mort comme ne l'a jamais fait aucune race humaine. Ils jouent avec la mort, ils la provoquent, ils se livrent à elle comme des désespérés ; et pourtant ils sont plus joyeux dans la vie que les autres hommes ; rien de moins sombre et de moins mélancolique que ces esprits qui se répandent sur tout et s'ouvrent à tout. »

« À défaut du point d'honneur, continue l'historien, c'est aux croyances des Gaulois à répondre.

La XXIIIe Triade dit :

« Trois choses nécessaires pour le triomphe de l'homme (sur le mal) : l'*impassibilité*, c'est-à-dire   la fermeté contre la douleur ; le *changement* et la *liberté* de choix. »

Qu'on pèse chacune des conditions imposées au Gaulois pour triompher, et l'on se convaincra bientôt qu'elles ont agi puissamment sur le caractère de la nation et sur celui des individus.

Que faut-il à un peuple pour repousser des adversaires ou envahir un territoire ennemi ? Des guerriers qui marchent sans crainte au combat. Il les aura : car les bardes célèbrent la victoire sur le mal de quiconque surmonte la douleur, change son existence actuelle contre une meilleure dans Abred, et profite de sa liberté pour choisir le poste d'honneur et les périls du dévouement.

Que faut-il au citoyen pour se rire du danger auquel ses provocations ou une folle témérité, ou même un misérable gain, peuvent l'exposer ? Il lui faut l'assurance d'obtenir, après les courtes souffrances qui précèdent la mort, une nouvelle vie, mais plus heureuse sur cette terre ; ou l'entrée dans les demeures de Gwnfyd. Eh bien ! qu'il se montre impassible, qu'il subisse sans plaintes ni murmures son changement d'enveloppe, et le voilà vainqueur du mal, triomphateur.

On comprend maintenant que (l'esprit de vanterie et de bravade, naturel aux Gaulois y ajoutant), passer de vie à trépas, n'ait plus été pour eux qu'un jeu. On aura saisi sans doute le rapport entre l'impassibilité et les cercles druidiques. Succomber à la crainte, pâlir devant la menace, tourner le dos devant l'ennemi, c'est diminuer son être, c'est encourir même le danger d'être rejeté par une mort prochaine dans Annwn, pour devoir recommencer une série de douloureuses transmigrations. Se dévouer au contraire pour son pays, pour son ami, ou pour quelque cause que ce soit, c'est s'accroître, grandir dans l'échelle des êtres et terminer peut-être tout d'un coup les transmigrations en atteignant le but désiré, le cercle de Gwnfyd.

On infligeait sans remords le dernier supplice aux prisonniers et aux criminels, parce qu'on se flattait que s'ils supportaient courageusement la douleur, ils renaîtraient dans une meilleure condition. Cela explique encore pourquoi dans les solennités religieuses, les prêtres en vinrent à offrir des sacrifices humains. On les a reprochés à bon droit à nos pères. C'est une effroyable aberration du sentiment religieux et de la conscience. Elle prouve jusqu'à quel point l'homme peut s'égarer quand Dieu ne vient pas à son secours, en dirigeant le sentiment religieux et la conscience vers la seule expiation du péché qui lui soit agréable et qui vraiment purifie le cœur et le sanctifie, celle de Jésus-Christ.

Dans leur ignorance, les sacrificateurs druidiques en immolant un de leurs semblables, croyaient lui assurer le triomphe sur le mal. Voici l'un de ces dévoués à la mort amené au travers de la foule devant un autel. Il chante. Quelle douce mélancolie dans son hymne : celui qui peut le chanter sous le couteau a sans doute entrevu quelque radieuse perspective. « Ma langue, s'écrie-t-il, dira mon champ de mort au milieu du cercle de pierres qui enferme le monde. »

« C'est la fête autour de deux lacs, un lac m'environne et environne le cercle, et ce cercle un autre cercle formé de douves profondes. Une belle grotte est devant moi, de grandes pierres la recouvrent. Le serpent s'avance dehors en rampant vers les vases des sacrificateurs ; du sacrificateur aux cornes d'or. Les cornes d'or dans sa main ; sa main sur le couteau ; le couteau sur ma tête. » (La Ville Marqué. Contes des anciens Bretons, tom. II, pag. 292.)

Le cœur saigne à la pensée de tant de milliers d'hommes devenus les victimes de ce faux stoïcisme engendré par la métempsycose druidique. Et que dire du soldat gaulois, lors de ses premières rencontres avec les légions romaines ? Pour montrer son courage, il se dépouillait de ses vêtements ordinaires et se précipitait presque nu au fort de la mêlée. Bientôt son corps hérissé des dards qui l'avaient percé ruisselait de sang ; malgré les douleurs, il persévérait à combattre jusqu'à ce qu'à bout de force il tombât sur le sol.

« Le Lacédémonien, si courageux qu'il soit, écrit Polybe, s'habille de rouge pour ne pas voir couler son sang ; le Gaulois s'enorgueillit et se décore du sien comme d'une parure. » (Polybe, liv. II, p. 265.)

À ces tristes informations pénibles à lire, il est consolant de pouvoir en ajouter d'autres réjouissantes au contraire. Il s'agit de la *justice* et de la *vérité* qui paraissent avoir été en grand honneur chez les Druides et parmi les Gaulois plus que chez la plupart des nations païennes, ou chrétiennes seulement de nom. L'on a tout lieu de croire que le *bien* et le *mal* selon les Triades, c'est surtout la pratique ou la négligence de ces deux vertus.

Quant à la première, la justice, elle est glorifiée dans la Triade XLIII. Elle y est placée à côté de la science et de l'amour, tandis que son contraire est classé dans la Triade suivante entre l'ignorance et la haine.

La seconde, la vérité, avait primauté de rang, car elle constituait la deuxième unité primitive. Ce ternaire, Dieu, la vérité et la liberté, rappelle involontairement cet autre exprimé par une bouche divine : Je suis le chemin, la vérité et la vie. (Jean XIV, vers. 6.) Sans doute la distance est grande entre la Triade métaphysique et la Triade évangélique qui fait passer la vérité de l'abstraction à la réalité dans la personne du Christ.

Toujours est-il qu'une déclaration aussi précise que celle de la Triade gauloise doit avoir exercé de l'influence, soit qu'elle procédât de la tradition patriarcale, soit que rédigée dans les siècles postérieurs, elle ait été le résultat des méditations solitaires des Druides.

Une autre Triade flétrit le mensonge en lui attribuant pour effet de replacer l'homme dans un degré inférieur, de le faire déchoir, jusqu'au point de démérite équivalent. (Triade XXVI.)

C'est pourquoi la race gauloise paraît avoir été moins entachée d'injustice et de fausseté que d'autres branches de la famille humaine. Accusée de fraudes, de ruses, de violation des traités par le grand capitaine qui l'a soumise aux aigles de Rome, elle a trouvé un défenseur chez Strabon qui les appelle *des gens simples et sans malice*. Adhérer complètement au témoignage de l'historien grec ne serait pas plus entrer dans le vrai que d'accepter les accusations de César et de les généraliser. D'ailleurs l'habile, le vaillant, l'intrépide, mais aussi le fort astucieux conquérant des Gaules était-il bien placé pour reprocher au peuple qu'il venait asservir, des détours, des subterfuges, des trahisons et des manquements à la foi jurée ? Il est permis d'en douter.

Que cette appréciation soit laissée à Celui qui pèse les esprits et sonde les cœurs.

CHAPITRE VI

Cérémonies religieuses et culte des Druides

À l'occasion de la naissance, du mariage et de la mort. — Informations de M. Fréd. Troyon. — Cérémonies diverses : le culte rendu au chêne, au gui et à diverses plantes. — Usages superstitieux et magiques de l'infusion de ces plantes. — Solennités du 6ᵉ jour de la lune. — Année et cycle lunaires. — Le croissant, l'anneau du serment et les cornes du sacrificateur.

À quelles époques de la vie de l'homme la religion vient-elle à lui avec ses rites ? C'est à sa naissance, puis à son entrée dans la vie civile et dans la société religieuse, au mariage et enfin à la mort. C'est donc sur les cérémonies usitées à ces différentes phases, que les recherches se sont dirigées, mais avec peu de fruit, sauf sur celles qui accompagnaient la sépulture.

On ignore si l'apparition de l'enfant dans ce monde donnait lieu à des pratiques religieuses. Les historiens ne nous transmettent sur ce point qu'une redoutable épreuve imposée chez les Belges à l'enfant et à sa mère, par tout père qui soupçonnait sa femme d'infidélité. Le nouveau-né était placé sur une planche et livré au cours réputé sacré du fleuve, le Rhin. Si la planche enfonçait, l'illégitimité de l'enfant était démontrée et la pauvre petite créature était abandonnée à la merci des flots. Coutume barbare qui a dicté ces vers à un poète grec inconnu : « C'est le Rhin, ce fleuve au cours impétueux, qui éprouve chez les Gaulois la sainteté du lit conjugal. À peine le nouveau-né descendu du sein maternel a-t-il poussé le premier cri, que l'époux s'en empare ; il le couche sur son bouclier, il court l'exposer aux caprices des ondes ; car il ne sentira point dans sa poitrine battre un cœur de père, avant que le fleuve juge et vengeur du mariage ait prononcé l'arrêt fatal. Ainsi donc aux douleurs de l'enfantement succèdent pour la mère d'autres douleurs. Elle connaît le véritable père, et pourtant elle tremble. Dans de mortelles angoisses elle attend ce que décidera l'onde inconstante. » (Anthol. liv. I, chap. XLIII, ép. 1.)

On ignore de même si la religion intervenait par quelque, cérémonie à l'initiation de l'adolescent à la vie publique, au métier des armes et à la société religieuse. Quant au mariage, d'après les assertions de quelques auteurs tels que César, Dion, Cassius, Strabon, la polygamie était généralement en usage dans la race gauloise, et même les habitants de l'Irlande et les Gaëls de l'Angleterre et de la Bretagne française auraient vécu dans une complète promiscuité ; il n'y aurait donc pas eu lieu à consacrer le lien conjugal.

Même si ces informations sont exactes (ce dont il est permis de douter, Strabon lui-même disant « qu'il n'avance ces choses que d'après des relations qui ne méritent pas grande confiance »), la Gaule continentale paraît avoir été préservée en grande partie de cet affreux désordre. Chez l'homme du peuple, il n'y avait qu'une femme, le riche seul se permettait la polygamie quoiqu'il eût une épouse légitime. Celle-ci, aux jours de César, recevait une dot de ses parents, le mari devait y ajouter une valeur égale. Le tout était Administré en commun. Le mari ne pouvait aliéner ni le principal ni même les fruits, et capital et intérêts accumulés appartenaient au survivant des deux époux. (Cæs., Bell. Gall. VI, 18.)

On n'achetait donc pas la femme en Gaule, on se l'associait et sa libre personnalité se manifestait librement par la propriété.

Lorsque la condition de l'épouse fut telle, il y eut évidemment des cérémonies religieuses destinées à solenniser les mariages. On sait que les époux se rendaient dans un temple dont l'autel recevait des sacrifices et des libations, puis au moment de s'engager l'un à l'autre par le serment, en présence des victimes qui fumaient, l'épouse prenait une coupe de vin, en buvait la moitié et la transmettait à son époux qui devait achever de la vider.

On a des détails plus nombreux sur les rites funéraires. Généralement dès qu'un personnage de quelque importance avait fermé les yeux, sa famille faisait égorger un certain nombre de ses clients et les esclaves qu'il avait le plus aimés. On les brûlait et on les enterrait à ses côtés ainsi que son cheval de bataille, ses armes et ses parures, afin que le défunt pût paraître convenablement dans la vie future et y conserver le rang dont il jouissait dans celle-ci.

Il sera intéressant de lire la description donnée par M. Fréd. Troyon, d'une tombelle où il a pratiqué des fouilles.

« Pour rendre les détails suivants plus intelligibles, dit ce savant, il faut rappeler en quelques mots les usages propres à notre pays (la Suisse romande) avant l'ère chrétienne. »

« Lorsque le défunt avait occupé une position relevée dans la société, son corps, suivi d'un long cortège, était porté avec de grandes démonstrations de deuil sur le bûcher qui devait le consumer. On jetait dans les flammes tout ce qui lui avait été le plus cher en sa vie : femmes, esclaves, animaux, bijoux, instruments, etc. On se disputait parfois le triste honneur de l'accompagner dans la tombe, pensant gagner ainsi un rang glorieux dans la vie à venir. Après l'extinction du bûcher, par les libations en usage, les cendres et les os calcinés du défunt étaient réunis dans une urne qu'on déposait ordinairement à la surface du sol et qu'on recouvrait de terre et de pierres, de manière à former un monticule dans lequel on déposait aussi les charbons du bûcher et les corps des victimes qui n'avaient pas été consumés. »

« Des scènes pareilles ont eu lieu dans la forêt de Vernand (prés Lausanne), dont la sévère grandeur avait attiré déjà les Druides qui aimaient à entourer du mystère des profondes forêts, les cérémonies de leur culte barbare. Un cortège funèbre vint aussi élever un bûcher non loin de l'autel qui domine le monticule et immoler des victimes nombreuses en l'honneur du défunt. »

« Cet autel consiste en un gros bloc erratique sans figures ni représentations quelconques sculptées, mais portant de petites entailles circulaires qui forment tout autant de petits bassins. Ce dernier trait, commun à plusieurs autres blocs erratiques et particulièrement à un situé près de Mont-la-Ville (canton de Vaud), leur a fait donner par les paysans le nom de Pierre-aux-écuelles. »

« À la base du monticule étaient quatre vases d'argile remplis d'ossements humains carbonisés ; leur position au centre de la colline, dans une couche de terre compacte, caractérisait la sépulture principale. Dans la terre qui recouvrait ces vases, un trou circulaire de 3 pieds de diamètre sur 1 pied de profondeur, contenait les cendres du bûcher avec les fragments d'un vase de poterie grossière, pareille à celle qui accompagne les débris de nos populations lacustres. De nombreux restes d'ossements calcinés d'animaux divers étaient aussi mêlés aux charbons du bûcher et rappellent les sacrifices en usage dans ces cérémonies. Au-dessus de ces restes venait un lit inégal de grosses pierres brutes sur lequel se trouvaient les corps de quatre victimes humaines qui n'avaient point passé par les flammes. En examinant avec attention la position de chacun de ces squelettes, il était facile de se convaincre que l'inhumation avait été violente. Les corps couchés dans des sens divers ne présentaient aucune régularité dans leur attitude. Telle partie du même squelette était affaissée dans l'entre-deux de grosses pierres, les genoux et un bras relevés, l'autre bras plus bas que le corps et la tête rejetée en arrière. La tête d'une autre victime était retombée sur la poitrine. En un mot chaque corps conservait la position qu'il avait reçue après avoir été jeté violemment sur cette rude couche de cailloux ; puis la plupart des membres avaient été brisés par le jet des pierres dont on avait formé la partie supérieure du tumulus qui s'élevait à 7 pieds au dessus du sol environnant et en mesurait 132 de circonférence. »

La plupart de ces victimes paraissent d'après les observations de M. Troyon avoir été des femmes, dont l'une mesurait 5 ½, pieds et n'avait pas encore les dents de sagesse entièrement développées.

À l'égard du culte proprement dit, il faut distinguer ce qui appartenait à l'élément druidique monothéiste de ce qui provenait de la superstition populaire, des légendes et du polythéisme qui pressait la Gaule de toutes parts. Au premier on attribuera la prière, les invocations, fonction de blocs de granit, les autels formés de pierres sur lesquelles le fer n'a point passé, les cercles de pierres, les processions le long des avenues bordées de menhirs, l'immolation des victimes sur des autels, même les sacrifices humains et les funérailles sous des tumulus ou sous la table du dolmen sur laquelle le sacrifice avait été accompli.

C'est encore au druidisme qu'appartient la vénération pour le chêne, symbole de la force, pour le gui, symbole de la renaissance, pour les hauts lieux et les forêts appelés *Nemheid,* d'où provient le nom d'une foule de localités, telles que Nîmes, et celui de la tribu gauloise des Némètes.

D'autre part les pratiques soi-disant religieuses, auxquelles se livraient les Ovates dans les fonctions d'aruspices et d'augures en interrogeant les entrailles des victimes, le chant et le vol des oiseaux, et le culte rendu à une foule de dieux et de demi-dieux appartiennent à l'élément païen.

Que de réflexions suggère la rencontre dans les campagnes de ces pierres brutes qui ont servi durant des siècles au culte druidique et qui ne portent cependant pas la moindre représentation des choses qui sont là-haut aux cieux et de celles qui sont ici-bas sur la terre ! On se réjouit de ce que les Druides ont été longtemps les gardiens de la seconde loi du Décalogue, lors même qu'ils n'ont pu, pas mieux que les Prophètes d'Israël, empêcher le peuple de servir les idoles faites de main d'homme.

Aussi aimera-t-on à lire la description donnée par le savant auteur des *Habitations lacustres* de quelques-uns de ces monuments qui peu à peu disparaissent :

« À Vernand-dessous près Lausanne se trouve un bloc erratique évidemment laissé en place. Haut de 5 pieds sur 11 de longueur sa partie supérieure consiste en une arête longitudinale d'où la pierre descend à peu près verticalement au levant, et en plan incliné au couchant. Ce bloc sur lequel on ne peut découvrir aucune trace du travail de la main de l'homme, est extrêmement accidenté. C'est un poudingue perforé de manière à présenter 14 trous ou bassins dont plusieurs ne sont pas sans rapports avec ceux qu'on taillait sur quelques autels. Le long de la face inclinée du bloc, descend en outre une large rainure naturelle au pied de laquelle était un vase en argile, de forme semi-sphérique qui ne contenait que de la terre. La tradition raconte que la victime inclinée sur l'autre face du bloc, était immolée de manière à ce que son sang arrosât une partie de l'autel avant d'arriver dans le bassin. »

M. Troyon ajoute que les divers objets recueillis auprès de cet autel, tels que poteries et bracelets en bronze prouvent évidemment que la pierre a servi d'autel à une époque fort antérieure à l'ère chrétienne.

C'est à l'obligeance du même auteur qu'est due la communication suivante jusqu'à ce jour inédite. Lors même qu'elle ne concerne que la Suisse romande, elle donne une idée de l'extension qu'avait prise le culte druidique.

Monuments du culte de l'Helvétie occidentale avant l'ère chrétienne

« L'agriculture a fait disparaître de la Suisse occidentale un assez grand nombre de monuments druidiques. Dans le XVIIe siècle, un DOLMEN et des MENHIRS existaient encore dans le district d'Oron. Des menhirs ont été détruits dans ce siècle sur divers points au pied du Jura. J'en citerai entre autres deux dans le joli vallon de *La Mothe*, près Yverdon, sous l'un desquels se trouvaient deux hachettes de bronze, qui étaient sans doute destinées aux sacrifices. L'une de ces pièces est conservée par M. Masset, à La Mothe.

« Quelques menhirs, pris à tort pour des monuments de la bataille de Grandson, sont encore debout près de *Bonvillars* et de *Corcelles*. D'autres se trouvent aussi le long de l'ancienne voie de l'Etraz, de *Vauxmarcus* à *Gorgier*.

« Bien des AUTELS de l'époque païenne ont subsisté jusqu'à nous. Ce sont des blocs erratiques en place, dont la destination religieuse est déterminée par des entailles qui consistent surtout en de petits bassins de 9 à 2 pouces de diamètre, taillés sur la pierre et disposés sans ordre apparent. Des autels du même genre se retrouvent sur divers points de la France, de l'Angleterre, de l'Allemagne et des pays scandinaves. Ils sont mentionnés dans les canons des premiers conciles chrétiens jusqu'à Charlemagne, comme étant l'objet de superstitions de divers genres dont plusieurs sont encore en usage. On y dépose des ex-voto, et on les oint d'huile comme dans l'antiquité. C'est là qu'on croit voir des apparitions surnaturelles, et c'est là que se réunit la jeunesse des villages voisins, certains jours de l'année, entre autres le jour de la Dame. » (Annonciation, 25 mars.)

« Un de ces autels se trouve près de *Myes*, sur la limite des cantons de Vaud et de Genève. On l'appelle la pierre de Penni, qui rappelle l'ancien nom de Villeneuve, Pennilucus, bocage du dieu Penn. Au-dessus de *Burtigny*, la forêt de *Prévond d'Avaux* en possède tout un groupe. L'un ne porte pas moins de 105 bassins. À demi-lieue de là, on en voit quatre dans la *forêt d'Outard*. Il en existe de pareils dans le *Bois-Genou* et dans les forêts de *Vernand*, près Lausanne. L'un des plus remarquables est celui de *Mont-la-Ville*, connu sous le nom de « Pierre-aux-Écuelles. • (Voir ma notice imprimée.) — En détruisant un ces autels à *Charpigny*, près Saint-Triphon, on découvrit dessous divers instruments en bronze et entre autres trois grands anneaux, qui étaient sans doute « l'anneau de serment » qu'élevait vers le ciel celui qui prenait les dieux à témoin de la vérité de ses dépositions. »

« On doit encore rattacher aux monuments du culte un certain nombre de constructions en terre qui ont été, soit des *hauts-lieux*, soit des *enceintes sacrées* ou espèces de sanctuaires. Parfois, comme au « Châtelard » près de *Gollion*, c'est une colline naturelle, qui a été arrondie par la main de l'homme et entourée d'un fossé. Sur le même territoire, « le Fort Brichy, » dont la destination ne saurait être militaire, est une espèce de tumulus concave dans sa partie supérieure, comme les Erdburg de l'Allemagne. Entre ces deux constructions, est une levée de terre en arc de cercle de 10 à 15 pieds de hauteur, dont les extrémités reposent sur le bord d'un ravin. L'espace intérieur, de forme elliptique, rappelle, mais dans des dimensions moindres, le fameux Herthabourg de l'île de Rügen à l'entrée duquel sont aussi des autels à bassins. C'était là que les prêtres sanguinaires d'Hertha immolaient les malheureux chargés de laver le char de la déesse. »

On a mentionné le chêne et le gui comme objets de la vénération des Gaulois ; quelques mots explicatifs à ce sujet ne seront pas hors de place.

Tandis que le pommier, d'après les poésies bardiques, fut à partir de son introduction en Gaule l'arbre de la science (y aurait-il une réminiscence biblique ?), le bouleau, arbre de mai, était l'emblème des énergies génératrices, et le chêne celui de la victoire. Mais le chêne fut de tout temps l'arbre par excellence chez les Druides. Le roi des forêts était tenu dans une si haute estime que les chefs spirituels de la nation prenaient le nom, ainsi qu'il a été dit, de Druides, c'est-à-dire *hommes du chêne*.

« Peut-être, remarque M. H. Martin, y a-t-il quelque chose de plus dans le nom de Druide. Dans sa forme kimrique la plus usitée, derwydd, on trouverait à côté du chêne le nom d'un autre végétal qui, associé au chêne, devient l'élément essentiel du rite fondamental de la religion druidique. C'est le gui, appelé en kymrique wydd, ou gwydd, c'est-à-dire la *plante par excellence*, plante vivace d'une nature singulière, qui ne se contente pas de s'enlacer aux arbres comme les autres plantes parasites, mais qui, ne touchant jamais la terre, enfonce ses racines dans l'écorce des arbres et se nourrit de leur sève. » (Tom. I, pag. 68.)

Avez-vous jamais observé, cher lecteur, à l'époque de l'année où la terre est couverte d'un manteau de neige, de charmants bouquets en fleurs jaunes suspendus aux rameaux des arbres de la prairie ? Tout est mort au pied de l'arbre qui étend ses branches décharnées, mais le charmant végétal qui a jugé à propos d'y fixer sa résidence, verdoie, fleurit et se raille des frimas. C'est la vie au sein de la mort. Or une nation qui croit à la métempsycose, à la vie qui procède de la mort ; quel emblème plus significatif peut-elle choisir de son dogme que celui que l'hiver lui présente sur les branches sans vie apparente des arbres de ses bois ? Pour que le gui eût un caractère religieux et pût symboliser non-seulement la transmigration, mais encore la créature procédant du Créateur et constamment soutenue par lui, il fallait que ce fût sur le chêne qu'il eût élu domicile. On l'y trouvait rarement ; aussi dès que la nouvelle se répandait qu'on l'avait découvert, la joie se communiquait de proche en proche. Le peuple ne doute pas que c'est le ciel qui renvoie et que la divinité même a fait élection de l'arbre privilégié. Les Druides, de leur côté, se préparent à cueillir bientôt la plante sacrée. Ils attendaient le sixième jour de la lune, de la dernière lune d'hiver, en février ou mars, lorsque le gui étale son feuillage toujours vert. Alors les touffes jaunes de ses fleurs nouvelles sur les branches nues et colossales du chêne présentent, dit M. Thierry, l'*image de la vie au milieu d'une nature stérile et morte.*

« Le matin arrivé, raconte H. Martin sur le témoignage de Pline (liv. XVI, 44), le peuple accourt en foule dans la forêt autour de l'arbre désigné par la faveur céleste. On fait les apprêts d'un grand sacrifice et d'un banquet immense. Un Druide, vêtu de blanc, monte sur le chêne, coupe le gui avec une faucille d'or. D'autres Druides reçoivent la plante, dans une saie blanche ; on immole alors deux taureaux blancs dont les cornes viennent d'être liées pour la première fois. On prie le dieu de rendre sa présence propice à son peuple, et la cérémonie se termine par un festin où l'on se réjouit d'avoir reçu du ciel la plante qui guérit tout et qui donne la fécondité à tout être stérile. » (Tom. I, pag. 69.)

On faisait bouillir le gui dans l'eau, et les prêtres se servaient de cette infusion comme les catholiques romains de l'eau bénite, pour des aspersions et lustrations propres à chasser les malins esprits et tous maléfices. On l'employait aussi comme antidote de tous les poisons, comme talisman contre tous les dangers, et comme panacée contre toutes les maladies. Elle rendait fécondes les épouses et donnait la victoire aux guerriers. Aussi les Druides exploitaient-ils la crédulité en vendant fort cher quelques gouttes de cette eau magique. C'est la cueillette de la plante sacrée qui est bien probablement représentée sur le bas-relief de l'autel d'Ésus, dont il a été fait mention.

Un usage général en France dans le moyen âge et pratiqué encore de nos jours dans quelques localités, se rattache sans le moindre doute à cette cérémonie. Le premier jour de l'an des troupes d'enfants, dans la Bretagne, parcouraient les rues en frappant aux portes et en criant : *au-gui-l'anné*, ou au gui l'an neuf. C'était probablement sous cette forme que la récolte du gui était publiée chez les Gaulois.

D'autres plantes encore telles que le sélage, espèce de mousse, la jusquiame et le samolus ou mouron d'eau, étaient employées par les Druides pour la guérison des malades, moins à cause de leurs propriétés médicinales nulles chez la plupart de ces végétaux, qu'à raison de leurs prétendues vertus surnaturelles. On ne les cueillait donc qu'en employant mille pratiques superstitieuses. À l'influence magique des plantes, les Druides ajoutaient celle des chapelets d'ambre que les guerriers portaient sur eux dans la bataille pour éloigner la mort, et qu'on retrouve souvent enfouis dans les tombeaux. Usage qui fit que les missionnaires chrétiens et St-Éloi en particulier signalèrent et proscrivirent l'ambre comme une substance employée à la magie. (St-Elig. De rect. cath. Fid)

L'on a vu que c'était le 6ᵉ jour de la lune que le gui devait être cueilli. Le choix de ce jour se comprend si l'on sait que les Druides commençaient le calcul des lunaisons et par conséquent de leur mois, par le 6ᵉ jour : ce premier quartier leur paraissait pouvoir être constaté plus facilement que la nouvelle lune, ou la première apparition de cet astre.

Pline, cité par A. Thierry, a fait connaître que leur plus longue période d'années ou siècle était de trente ans, au bout desquels il y avait concordance entre l'année civile et l'année solaire. (Pline, liv. XVI, chap. 44.)

Il fallait, pour que cet accord fut exact, une intercalation de onze lunes en trente ans ou onze années de treize lunes, et les autres de douze. Par cette intercalation, les lunaisons demeuraient sensiblement attachées aux mêmes saisons, et il s'en fallait seulement, à la fin du siècle gaulois, d'un jour et de dix heures pour que la concordance fût parfaite.

Le sixième jour de la lune était donc chez les Gaulois un jour sacré qui ouvrait le mois, l'année et le siècle, et présidait aux plus augustes solennités.

Ne serait-ce pas à l'imitation du croissant formé par la lune à cette époque, qu'il faudrait attribuer le fer à cheval formé par un demi-cercle de menhirs, qui se remarque fréquemment dans les avenues et cercles druidiques, et l'origine de ce que les Gaulois nommaient l'anneau du serment, ce cercle métallique non complètement fermé, qui représentait ainsi la lune dans sa première phase ? Les Druides le portaient et le faisaient prendre en main et élever vers le ciel par ceux qui prêtaient serment. On peut le voir au Musée de Lausanne, sur le tableau si remarquable de Gleyre : *Les Gaulois faisant passer les Romains sous le joug*. Les Druides y paraissent avec l'anneau et avec des cornes. Celles-ci se rapportent peut-être au même symbole que l'anneau, ou s'expliquent par le fait que les peuples primitifs étant généralement des peuples pasteurs adonnés à l'élève du bétail, les ont considérées comme le signe de la puissance et de la force.

CONCLUSION

« Dieu, dit St. Paul, a fait naître d'un seul sang tout le genre humain pour habiter sur toute l'étendue de la terre, ayant déterminé les temps précis et les bornes de leur habitation ; afin qu'ils cherchent le Seigneur et qu'ils puissent comme le toucher de la main et le trouver, quoiqu'il ne soit pas loin de chacun de nous. » Act. XVII, 26, 27.

Le langage de l'apôtre est pleinement confirmé par l'histoire des Gaëls. Dieu leur ayant assigné comme aux autres familles issues des fils de Noé les *temps* de leurs migrations et les *limites* de leurs demeures, leur a laissé faire ensuite l'expérience de leur plus ou moins de capacité à le connaître, à l'aimer et à le servir. L'essai ayant démontré que l'esprit gaulois ne pouvait s'élever au-dessus de certaines notions froides et abstraites sur la divinité, incapables d'empêcher le peuple de se livrer à une honteuse et grossière idolâtrie, on en peut conclure que sur le sol de nos ancêtres, pas plus que sur celui des autres nations du globe, l'homme n'est parvenu à *trouver le Seigneur quoique notre Dieu ne soit lois d'aucun de nous.*

Ne connaissant pas le Dieu vivant et personnel, le vrai Dieu, les Gaulois n'ont pas davantage connu dans son véritable sens la vie éternelle. Car que signifient toutes ces transmigrations qui aboutissent à Gwnfyd, au cercle des bienheureux, puisqu'elles n'amènent jamais l'homme à goûter la seule félicité qui mérite ce nom, celle que donne à lame la possession de la sainteté, et une pleine et intime communion avec Dieu, dans l'amour et la reconnaissance pour Lui. Aussi comment l'élève des Druides aspirait-il à Gwnfyd et y tendait-il ? Ce n'était point par la pratique d'aucune de ces vertus que St. Paul nomme *les fruits de l'Esprit*, savoir « la charité (ou l'amour), la joie, la paix, la patience, la douceur, la bonté, la fidélité, la bénignité, la tempérance, » mais plutôt par *les œuvres de la chair*, telles que « les animosités, les disputes, les divisions, les meurtres, l'ivrognerie, les débauches, » à l'égard desquelles l'apôtre déclare que « ceux qui les commettent n'hériteront point le royaume de Dieu. »(Gal. V, 19-23.)

Même le disciple des Triades que fera-t-il s'il a compris et reçu en son cœur cette partie spirituelle de la doctrine druidique ? Il s'efforcera de combattre l'ignorance, la superstition, et de s'élever à la science. Efforts louables sans doute, mais stériles, parce que l'objet de celle-ci étant vague, indéterminé, toute la science du plus savant de ses maîtres ne le conduit pas aux pieds d'un Dieu qu'il puisse nommer son Père, aimer comme son ami, et invoquer comme son libérateur et son sauveur. En un mot elle ne lui révèle ni le cœur compatissant du Père des miséricordes, ni la main charitable qui lui est tendue des cieux ; aussi ne le presse-t-elle point de saisir cette droite de l'Éternel, ni d'aller se reposer avec amour et confiance sur le sein paternel de son Créateur. La morale triadique l'éloignera des actes de faiblesse, d'injustice, d'infidélité et bannira de son cœur la timidité, la lâcheté, la peur, mais ne lui dira rien de l'humilité, de la pureté, du pardon des offenses et ne lui enseignera jamais à rendre le bien pour le mal, pour être l'enfant de Celui *qui fait du bien même aux méchants et aux ingrats.*

Or, de deux choses l'une : ou bien, comme renseignent certains docteurs, l'homme sorti de la condition de la brute, s'est élevé par ses propres forces jusqu'au point où nous le voyons, alors il faut constater son impuissance, en Gaule comme en d'autres contrées, à sortir du fétichisme et à parvenir à la connaissance, à l'adoration et à l'amour du seul et vrai Dieu manifesté déjà clairement dans le premier chapitre de la Genèse ; ou bien, selon la Révélation, l'homme après avoir été originairement créé bon, et capable de communiquer avec Dieu son père, de l'aimer et de le servir, s'est éloigné de Lui par la désobéissance, par le péché, et peu à peu est tombé sous l'empire du mal. La droiture originelle a disparu, les passions se sont déchaînées, et la voix de Dieu pas plus que celle de la raison et de la conscience n'a été écoutée. De là proviennent l'impiété, l'idolâtrie et l'immoralité, vices auxquels la philosophie hindoue, égyptienne, grecque, romaine ou druidique n'a jamais opposé qu'une barrière insuffisante, ou des remèdes qui n'étaient que de vains palliatifs. C'est ce que l'apôtre des gentils a exprimé d'une manière si juste et si caractéristique dans ces lignes sur la culpabilité des enfants d'Adam : « Les perfections invisibles de Dieu, sa puissance éternelle et sa divinité se voient comme à l'œil, depuis la création du monde, quand on considère ses ouvrages ; de sorte qu'ils sont inexcusables, parce qu'ayant connu Dieu, ils ne l'ont point glorifié comme Dieu, et ne lui ont point rendu grâces ; mais ils se sont égarés dans de vains raisonnements et leur cœur destitué d'intelligence a été rempli de ténèbres : se disant sages ils sont devenus fous, et ils ont changé la gloire du Dieu incorruptible en des images de l'homme corruptible, des oiseaux, des bêtes à quatre pieds et des reptiles. » (Rom. I, 20-23.)

Ainsi dans le premier cas on a constaté l'incapacité de l'homme d'arriver à la connaissance de son Créateur, à une vie sainte et pure, et à la certitude d'une vie future où l'âme jouisse en Dieu de la béatitude céleste ; dans le second c'est une dégénérescence rapide et complète, irrémédiable (humainement parlant), qui a laissé descendre notre race à un degré de misère morale, tel que Dieu seul par une parole émanant directement de lui et l'en retirer. Gloire donc et actions de grâces à l'auteur de la Bible !

Que penser des sages modernes qui, au lieu de mettre à profit les lumières et les secours multipliés que leur offre la révélation pour connaître Dieu, et étudier ses perfections, sa volonté et le moyen de parvenir à lui pour l'aimer et le bénir à jamais, prétendent n'éclairer la pensée, les sentiments et les espérances de l'homme qu'avec les pâles lueurs des écoles de la philosophie ancienne et de celles des Triades bardiques ? Vous ne pouvez, leur objectera-t-on, replacer l'homme aux pieds des docteurs de l'antiquité païenne, sans le ramener aussi à ses Druides, à ses bardes et à ses ovates, et sans lui rendre ses cercles de pierres, ses sacrifices humains et cette puérile mythologie dont le moindre défaut est d'asservir l'ignorant à tout ce qui frappe ses regards et étonne son esprit. Est-ce là que doit aboutir l'ère de progrès qu'on signale ? Mais, disent quelques-uns, l'on distinguera, l'on choisira. On séparera la paille d'avec le froment, le cuivre, le plomb d'avec l'or. Espoir chimérique. La preuve en est faite. Les peuples les plus policés, sur lesquels régnait le paganisme, ont eu des Socrate, des Platon, des Aristote, des Caton, des Épictète, comme les Gaulois ont eu les auteurs des Triades. Les uns et les autres n'avaient donc qu'à choisir entre le vrai et le faux, entre le Dieu de leurs sages et les idoles de leurs prêtres. On sait ce qu'ils ont préféré. Quels résultats les plus belles pages que la raison humaine puisse écrire ont-elles donc produits sur la généralité des esprits ? Quels changements ont-elles amenés dans les croyances, dans le culte, dans les espérances et dans les mœurs ? Hélas ! la barbarie couverte d'un vernis philosophique, poétique ou esthétique, n'en a pas moins pesé de son poids écrasant. La femme n'a pas été émancipée, l'esclave est demeuré dans ses fers, le pauvre dans sa misère et le faible sous l'oppression ; la tyrannie n'a pas cessé de régner dans l'État et au foyer domestique ; la multitude a continué d'encenser ses idoles muettes, et le mourant est demeuré sans Dieu et sans espérance certaine.

Il n'a cependant pas été inutile, ce travail de trente siècles. Il a préparé les voies à l'avènement du règne spirituel de Jésus-Christ. Sans accepter l'affirmation de Tertullien sur lame naturellement chrétienne, on peut admettre que les traditions des enfants de Sem et de Japhet ont maintenu quelques points lumineux qui, de siècle en siècle, ont projeté leur lumière sur la création de l'homme, sur ses relations à l'égard de son Père et sur sa destinée présente et éternelle. Dieu n'a pas permis que ces étincelles de vérité disparussent sous l'amas de fictions, de légendes et de systèmes que l'humanité, égarée dans sa route, n'a cessé d'inventer, comme si elle devait y trouver le fil pour sortir de son labyrinthe.

L'on peut donc affirmer, sans crainte d'être démenti par l'histoire, que l'idée de Dieu, de sa souveraineté, de son intervention au milieu des affaires de ce monde et de son jugement futur, n'a point été absolument étrangère aux générations qui ont précédé la venue de Jésus-Christ. De l'orient jusqu'à l'occident, un écho de la révélation accordée aux patriarches et plus tard aux prophètes d'Israël, a retenti, mais en s'affaiblissant de plus en plus. C'est cette voix dont les accents ont pénétré en Égypte, en Perse, aux Indes, en Grèce, à

Rome et jusque dans les campagnes des Gaules et de la Grande-Bretagne. Son message a été répété par de nobles penseurs, qu'ils s'appelassent Druides ou prêtres d'Éleusis. Quoiqu'ils y aient ajouté leurs propres conceptions et l'aient ainsi altéré, ils ont néanmoins empêché, selon le plan de la Providence, que la grande famille d'Adam ne tombât en plein dans le matérialisme et l'athéisme, et ne descendit à la condition de la brute. Oui, outre la raison et la conscience, il est demeuré un levain providentiel qui a toujours agi sur l'humanité, la soulevant vers le ciel et ne lui permettant pas de retomber sur la terre comme une masse froide et inerte. Apprécions donc tout ce qu'il y a eu de grand, de beau, de vrai et même de spirituel dans les religions de l'antiquité et en particulier dans celle de nos ancêtres. Rendons hommage à Dieu pour la portion de vérité religieuse que les Druides et les bardes nous ont transmise, et surtout puisque leurs dolmens, leurs menhirs et leurs cercles de pierres se sont conservés jusqu'à nos jours, qu'ils soient à nos yeux comme autant de doigts levés par nos pères vers le ciel, pour nous montrer où nous devons tendre et qui nous devons servir. Que la génération actuelle, si fort privilégiée à l'égard des lumières et des grâces qui lui ont été départies, ne se laisse donc pas devancer par ces incultes Gaulois dont les superstitions font sourire. Ah ! il est fort à craindre que, d'un côté, l'orgueil de la raison et de la science, de l'autre, l'amour de l'argent, du bien-être et des jouissances matérielles ne retiennent au-dessous du niveau moral et religieux des adorateurs d'Ésus et de Gwyon, plusieurs qui se croient de beaucoup leurs supérieurs. Sous le régime des Druides et avec la foi au Duw, on levait des pierres, on construisait des cercles, on dressait des autels, puis on se laissait immoler en l'honneur de la divinité, pour renaître de nouveau. Mais aujourd'hui, sous la dispensation évangélique, ne peut-on pas demander à un bon nombre : qu'édifiez-vous, que donnez-vous, que sacrifiez-vous pour la gloire de Dieu et en vue de la résurrection des justes ? Pour que nos ancêtres ne s'élèvent pas, au dernier jour, en condamnation contre nous, il faut qu'administrateurs fidèles des talents confiés à notre âge, nous les fassions valoir à la gloire du souverain Donateur.

On a souvent reproché aux religions de l'antiquité d'être dépourvues d'efficacité pour la correction des mœurs et d'influence sur la conduite des individus. Et même telle mythologie a faussé la conscience au point de lui faire appeler mal ce qui est bien et bien ce qui est mal. Quant au druidisme, on a vu que les Gaëls pouvaient se livrer à leurs penchants naturels sans être gênés par les enseignements de leurs prêtres, et que de prétendues vertus, vices déguisés, leur étaient inculquées. Il appartient donc aux disciples sincères du Crucifié de prouver par leur exemple qu'il n'en est pas ainsi du christianisme, et qu'au contraire, une vie pure et sainte, non moins que charitable, est la conséquence nécessaire de la croyance en Jésus, le Saint et le Juste, la resplendeur de la gloire de Dieu et la marque empreinte de sa personne. Que tous ceux qui aiment et qui confessent le nom du Sauveur s'unissent donc et fassent produire à la foi qu'ils ont reçue par le Saint-Esprit tous ses fruits de justice, de tempérance et de charité. En présence de ces effets de l'Évangile, quiconque voudra juger de l'arbre par les fruits, reconnaîtra que c'est auprès de Jésus et au pied de sa croix qu'il faut aller, et nulle part ailleurs, pour mourir au péché et revivre d'une vie nouvelle, consacrée à la gloire de Dieu et au bonheur du prochain.

C'est sur un sujet pareil à celui qui vient de nous occuper que St. Jérôme, dans sa lettre au pape Damase, appliquait la loi que Dieu donne à son peuple, touchant la femme étrangère qui aurait été prise en guerre. (Deut. XXI.) L'Israélite ne pouvait l'épouser qu'après lui avoir fait changer d'habit, l'avoir purifiée et lui avoir coupé les ongles et les cheveux. « Nous faisons de même, dit ce Père de l'Église, quand nous lisons les philosophes païens qui sont à notre égard la femme étrangère, et quand les livres de la sagesse du siècle tombent entre nos mains. Si nous y trouvons quelque chose d'utile, nous nous en servons en les rapportant à nos principes, et lorsque nous y trouvons de l'inutile et du superflu, comme sur les idoles, sur l'amour et le soin des choses terrestres et périssables, nous les retranchons ; ce sont les habits que nous ôtons à cette étrangère, ce sont les ongles et les cheveux que nous lui coupons. »

« Tous les sages du paganisme peuvent être comparés, dit M. Dacier, à des hommes ivres qui, voulant retourner chez eux, frappent à toutes les portes et prennent toutes les maisons pour la leur. Socrate fut le premier qui, s'élevant au-dessus des autres par des lumières plus vives et plus pures, qui furent peut-être la récompense de sa modestie et de son humilité, eut des connaissances plus élevées et plus sûres sur les devoirs de l'homme, sur la nature de Dieu, sur la loi naturelle et sur la justice. C'est pourquoi Platon dit de lui qu'il ajouta le feu au feu, pour faire entendre que, ramassant les parcelles de lumière qu'il trouva éparses et y jetant un nouvel éclat par son esprit lumineux et fécond, il répandit partout la lumière et excita un grand feu de ce qui n'était avant lui que des étincelles presque ensevelies sous des cendres. » (Vie de Platon, pag. 58.) Ces connaissances, toutefois, n'ont pas laissé d'être mêlées et entachées de beaucoup d'erreurs. Pour en retirer un véritable profit, il faudra séparer les vérités qu'il a plu à Dieu de conserver au sein de l'humanité d'avec les aberrations et les illusions dont l'esprit humain livré à ses seules forces, les a enveloppées. Nous pouvons y travailler avec une entière sûreté, puisque nous avons en main la Parole de Dieu qui est *propre à enseigner, à convaincre et à corriger*. Tout ce qui lui sera conforme est d'une vérité immuable et confirme les vérités révélées, et tout ce qui lui sera contraire est le fruit de l'erreur et du péché. Platon lui-même établit comme première règle dans la recherche du vrai qu'EN AUCUNE SCIENCE IL NE FAUT JAMAIS RECEVOIR QUE CE QUI S'ACCORDE AVEC LES VÉRITÉS ÉTERNELLES ET AVEC LES ORACLES DE DIEU.[8]

---

[8] Voir les développements. Dacier : *Vie de Platon*, pag. 59.

TABLE DES MATIÈRES